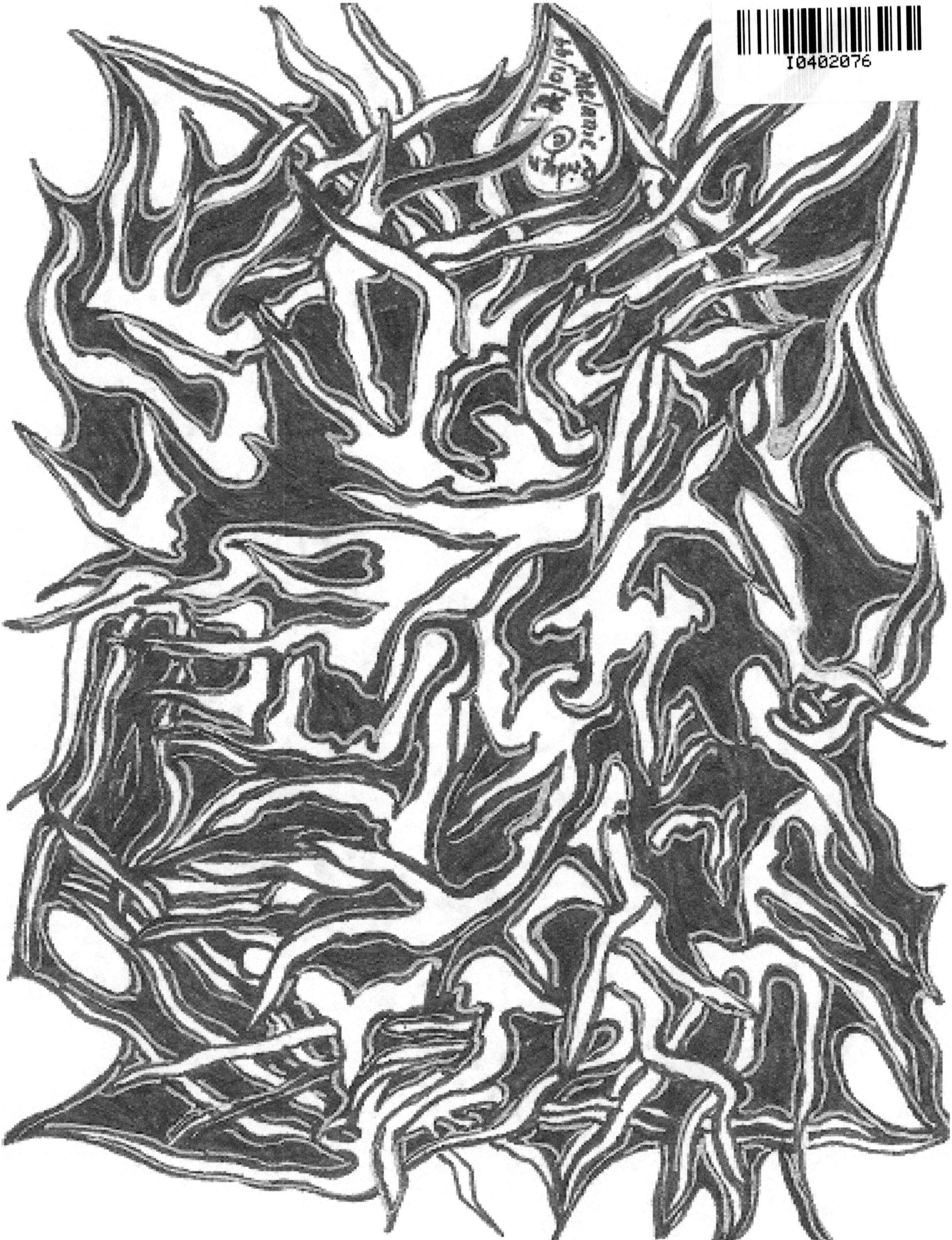

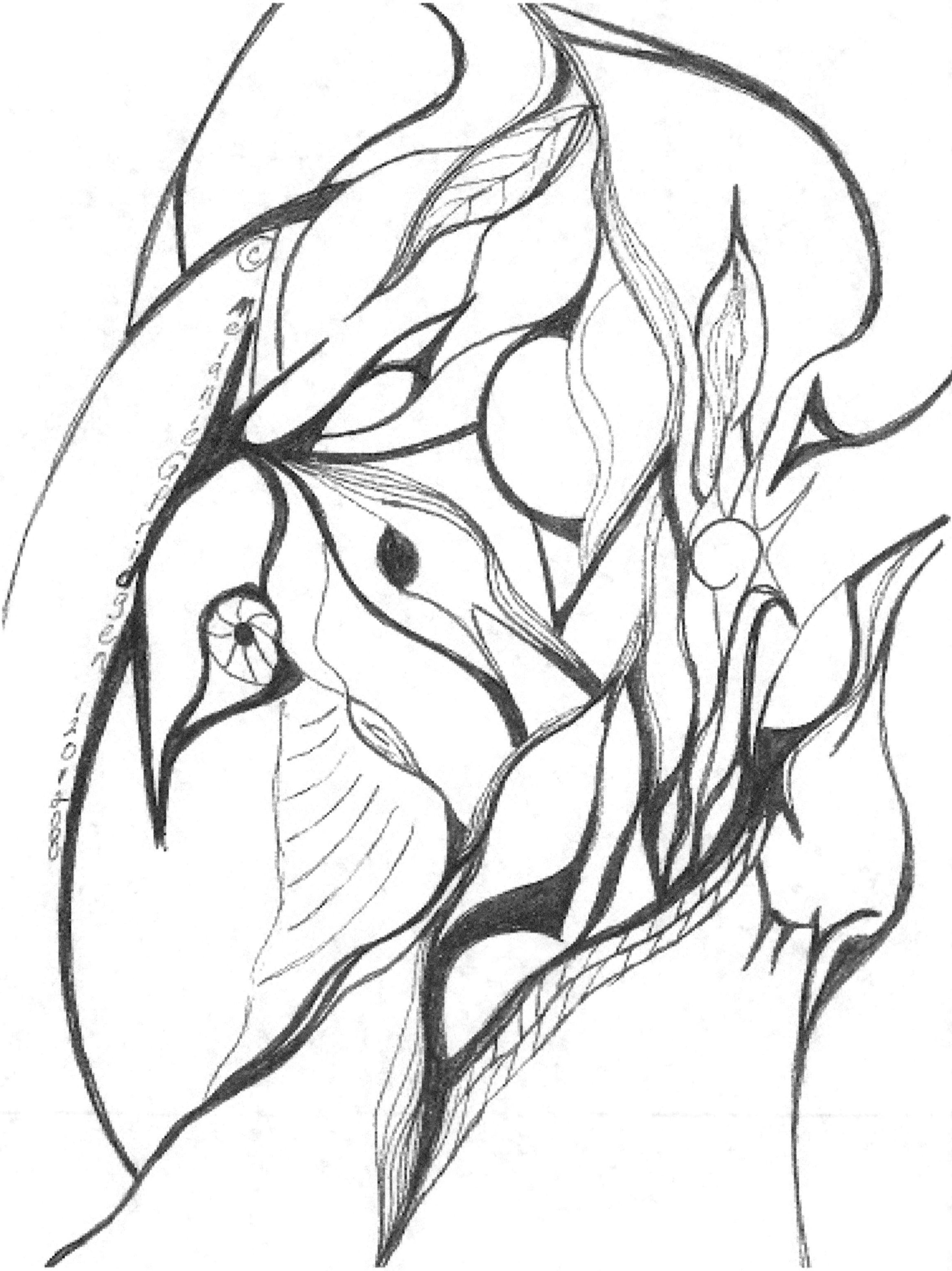

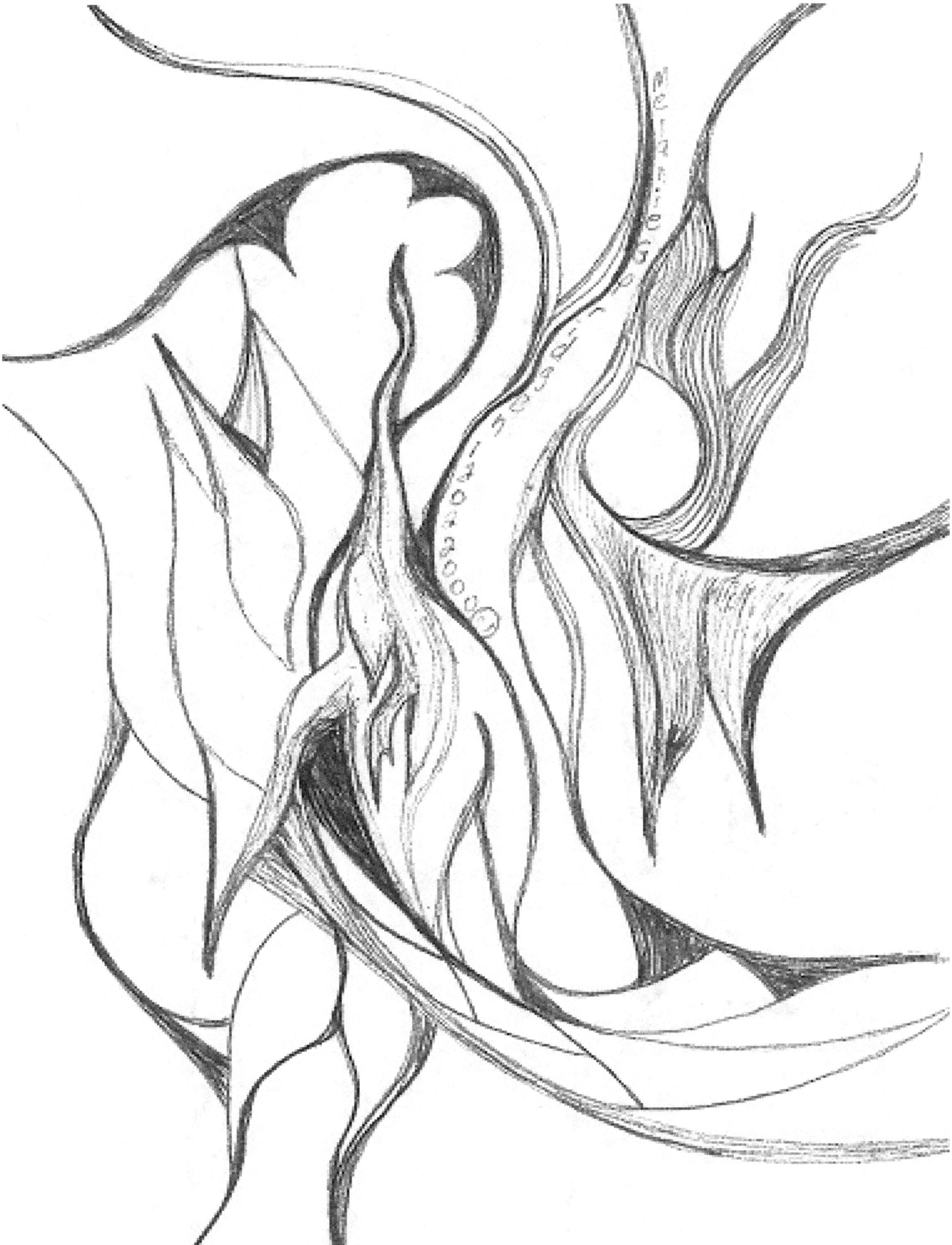

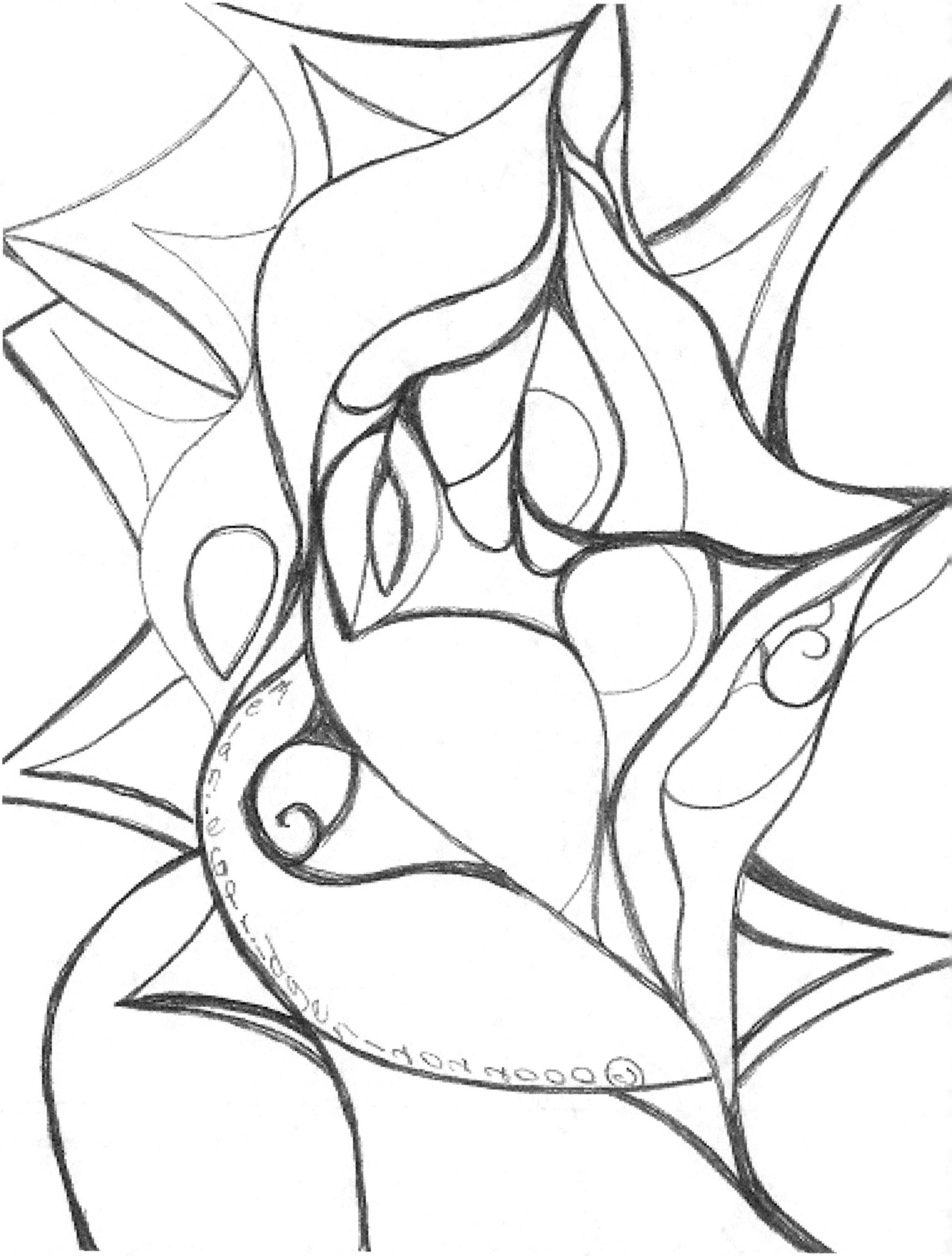

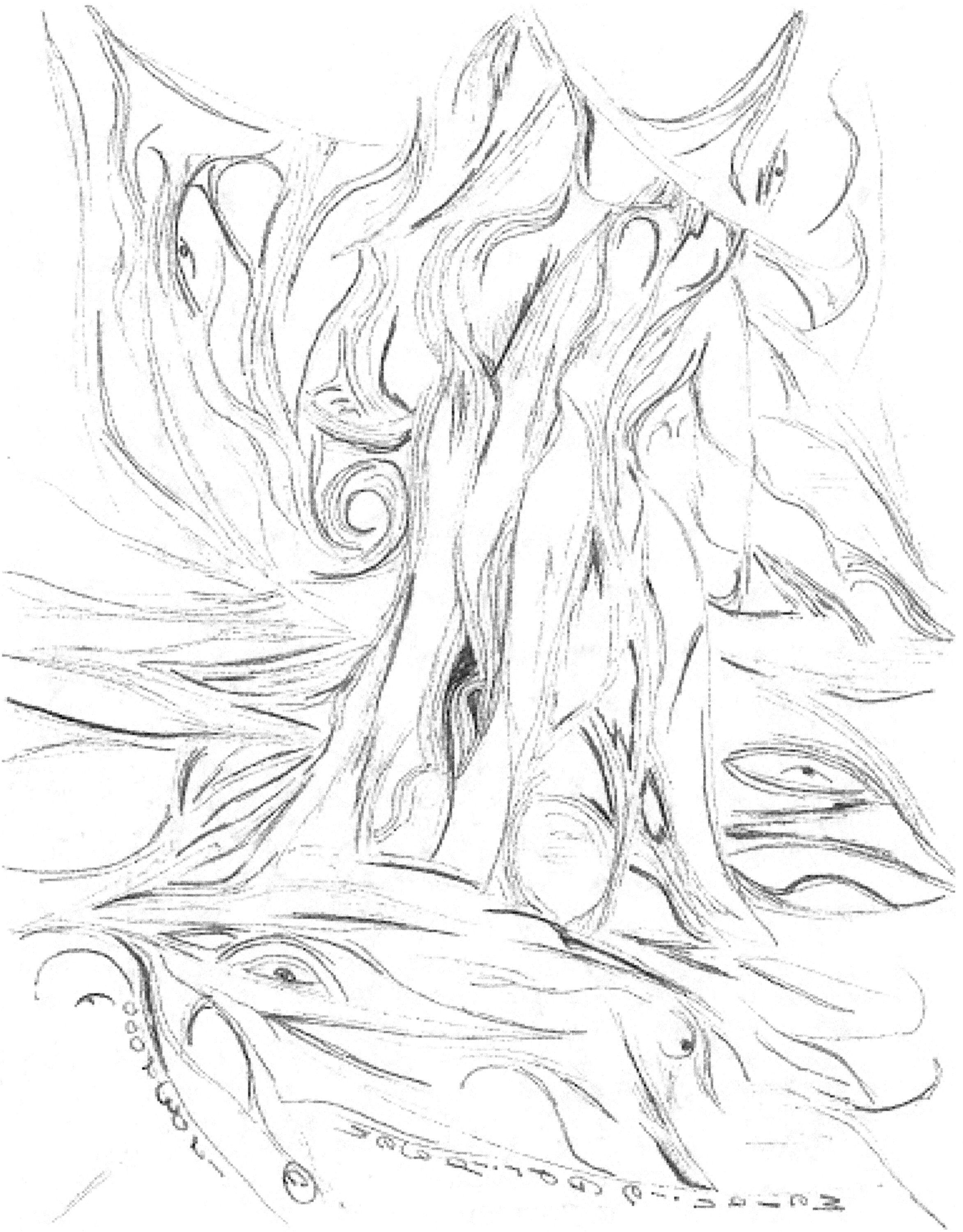

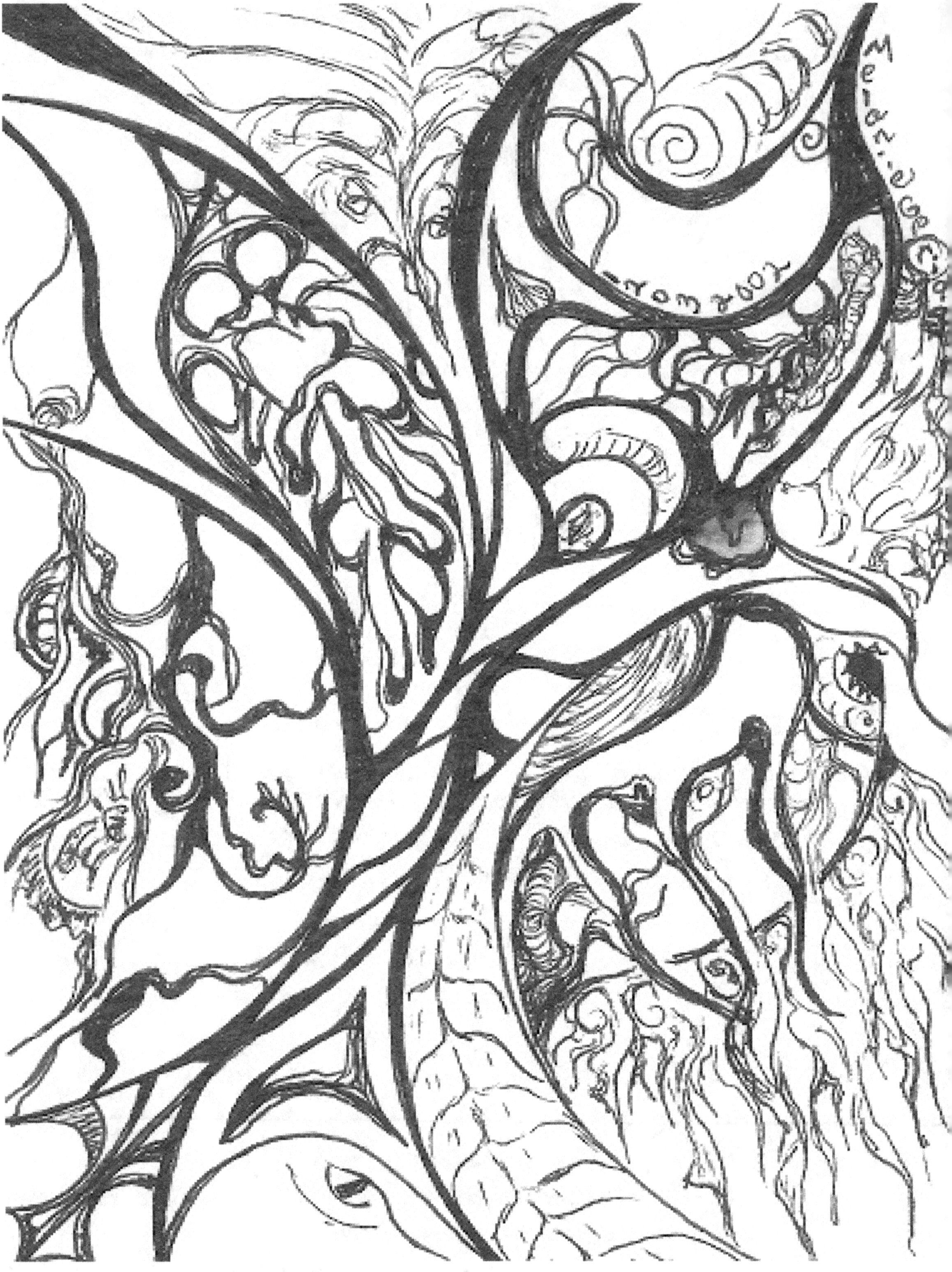

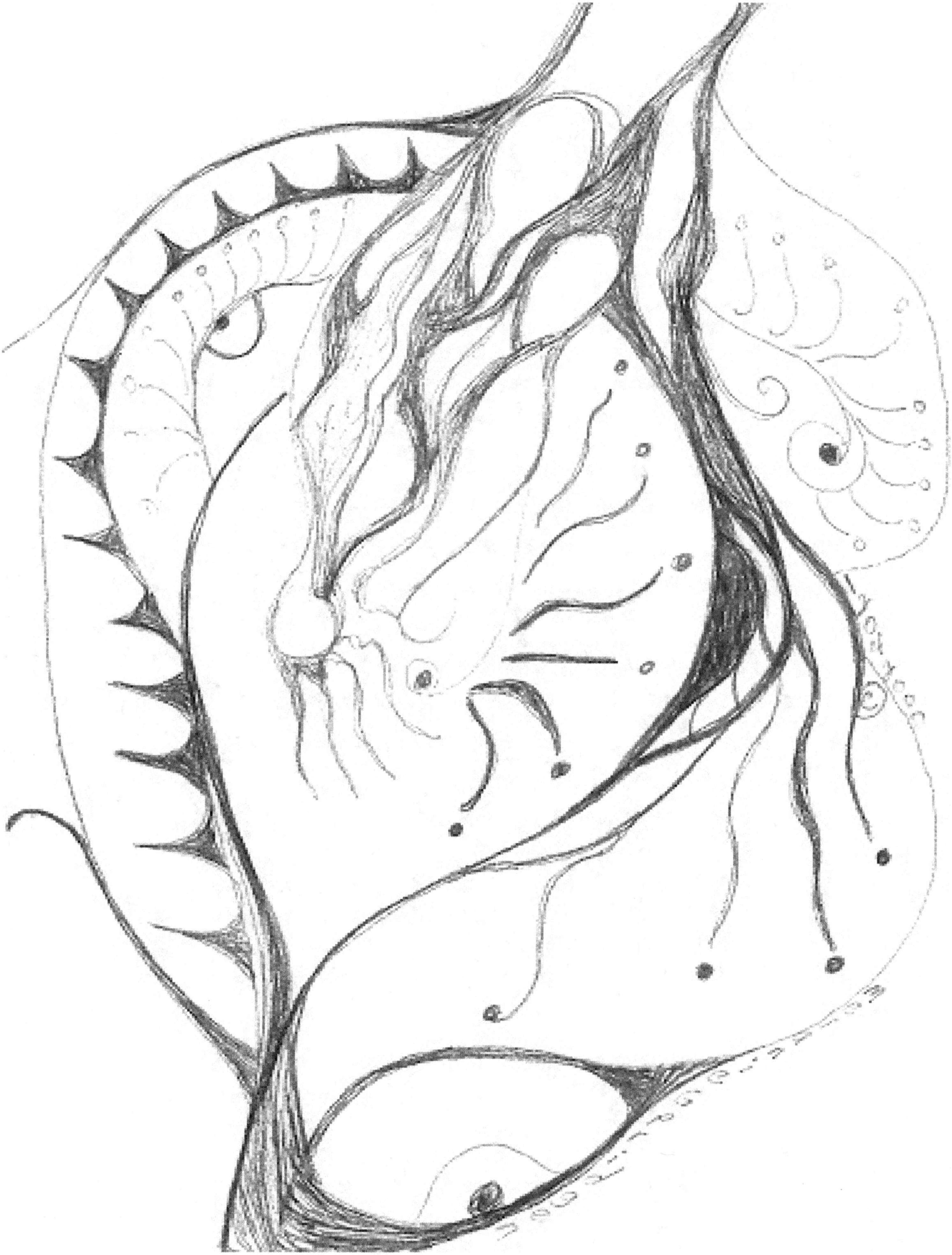

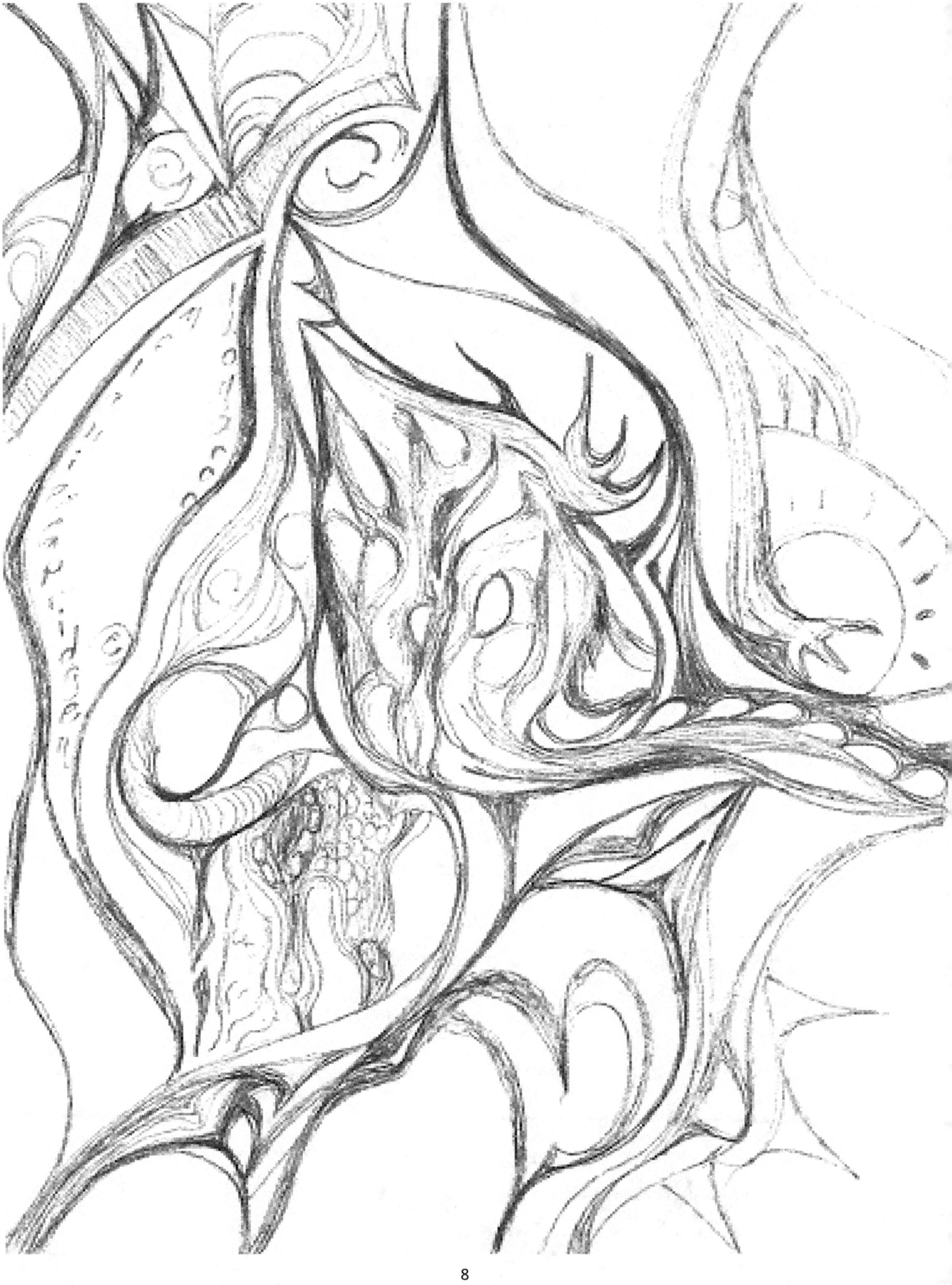

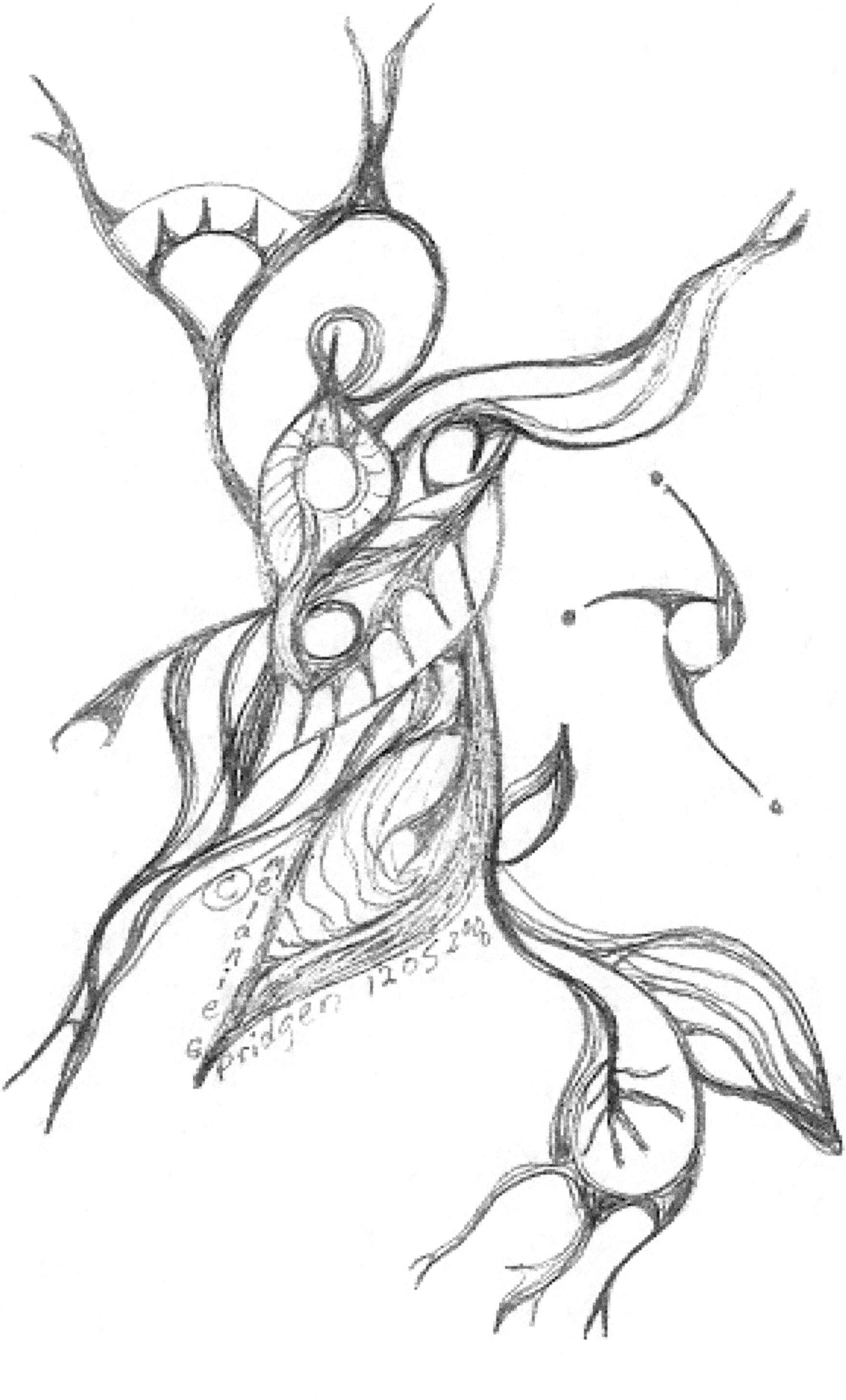

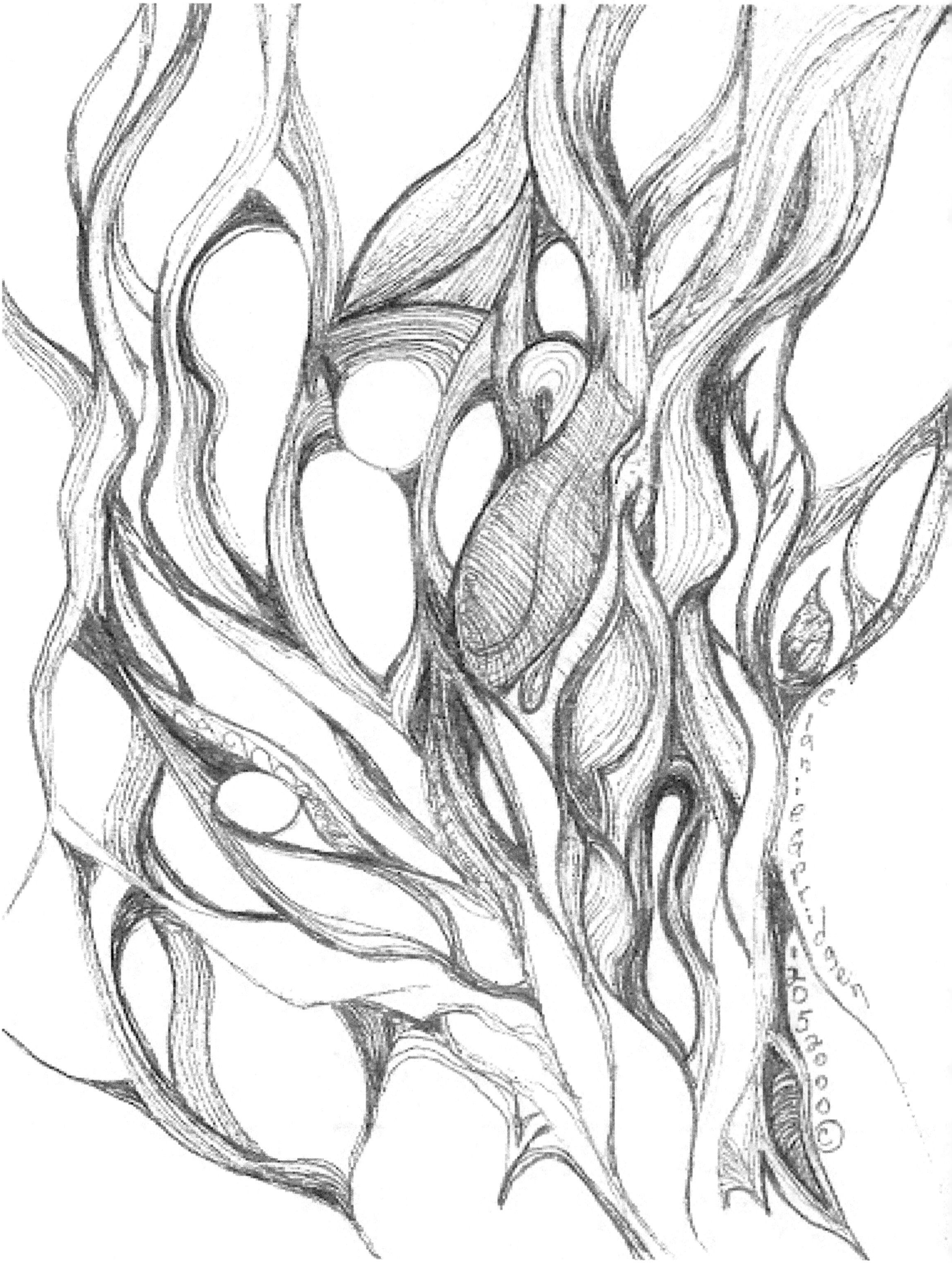

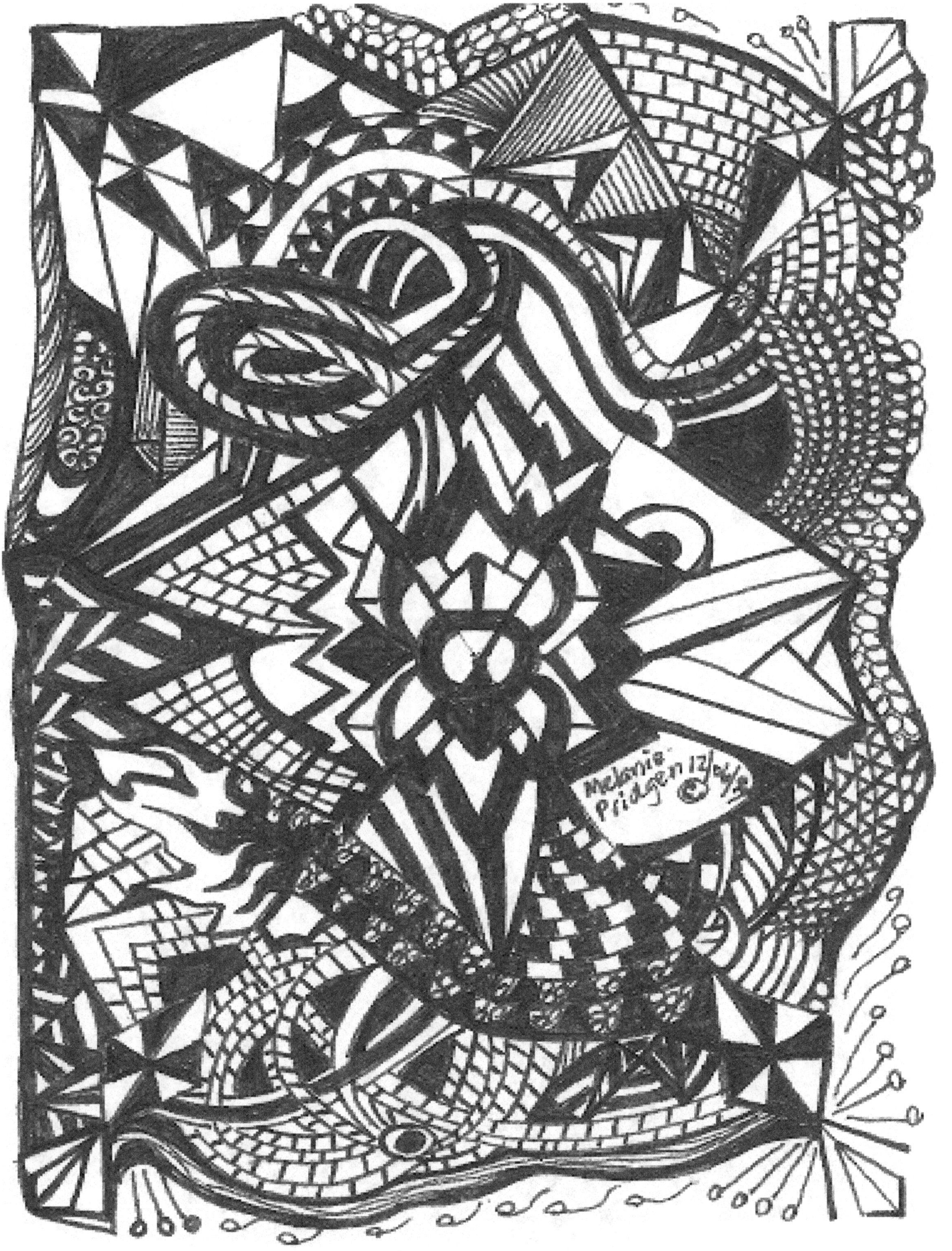
Melanie Pridgen

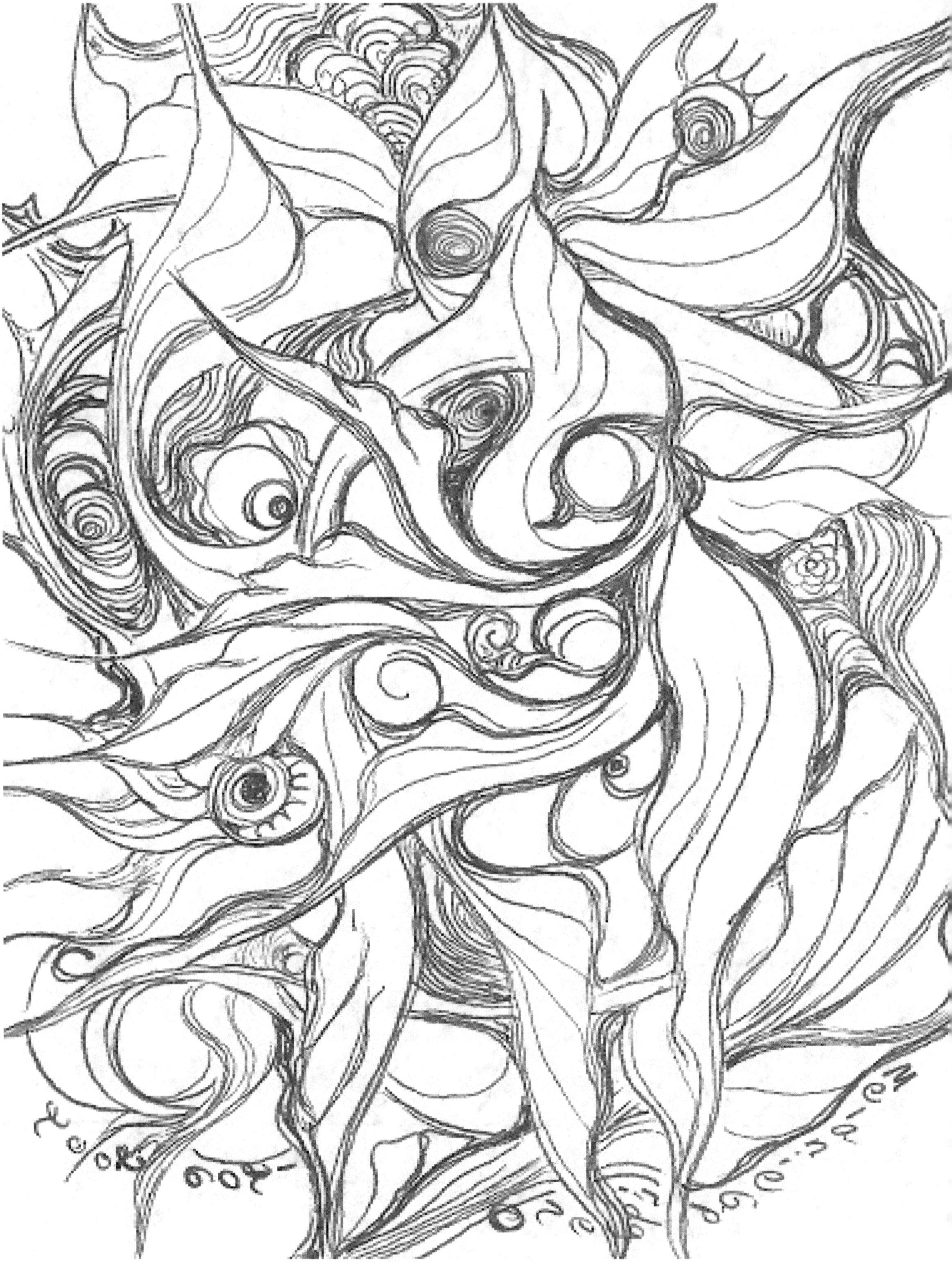

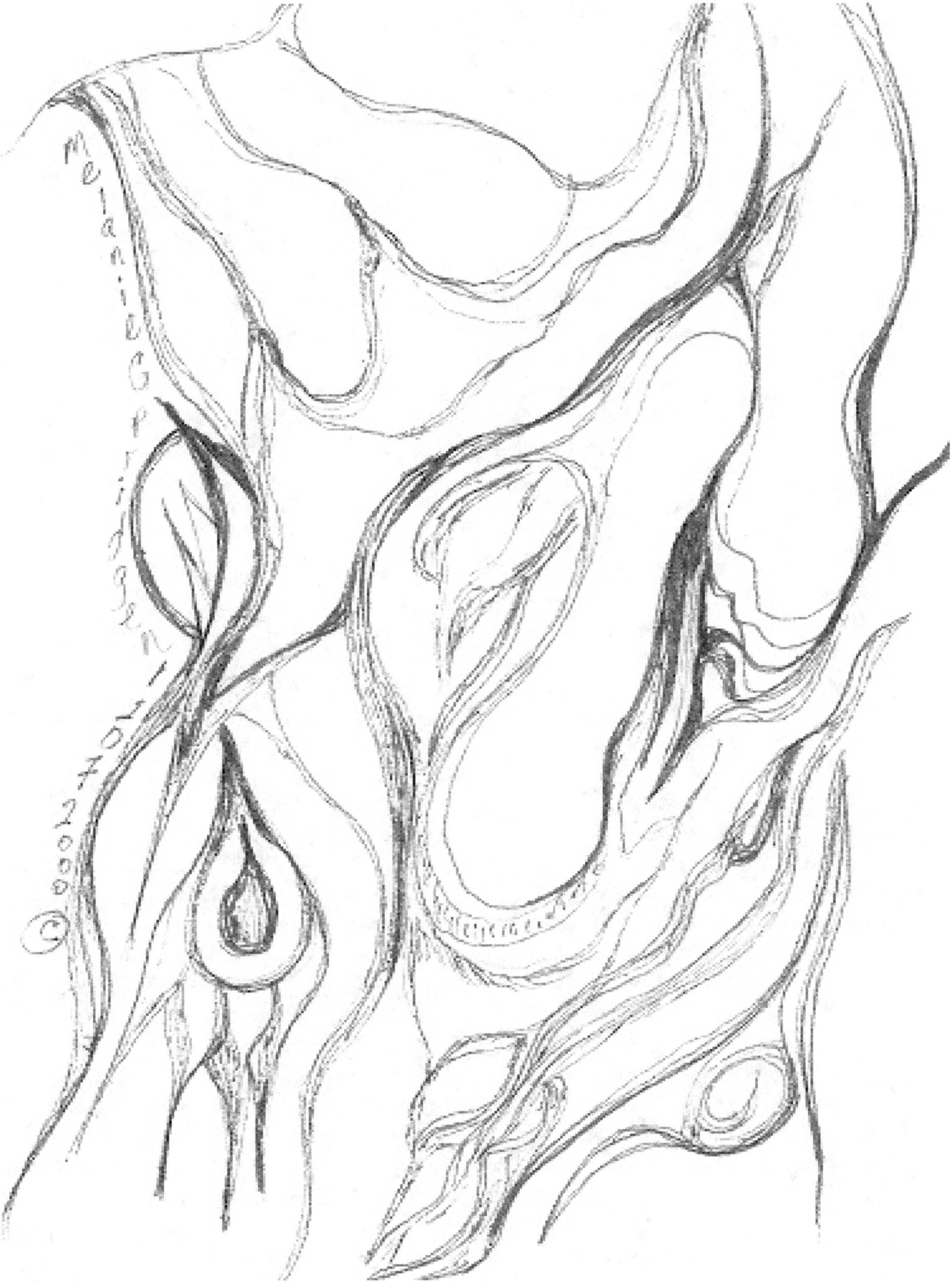

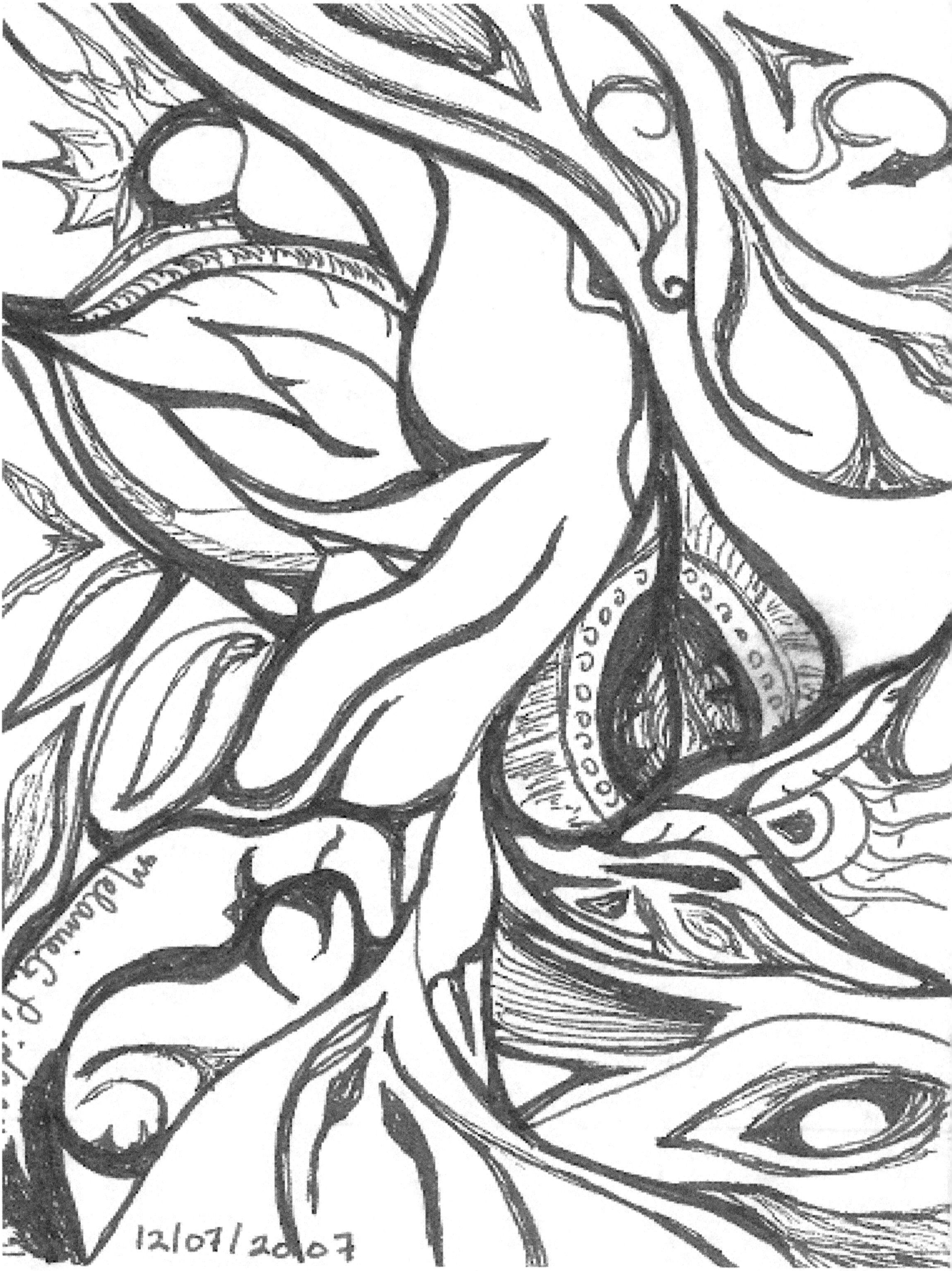
12/07/2007

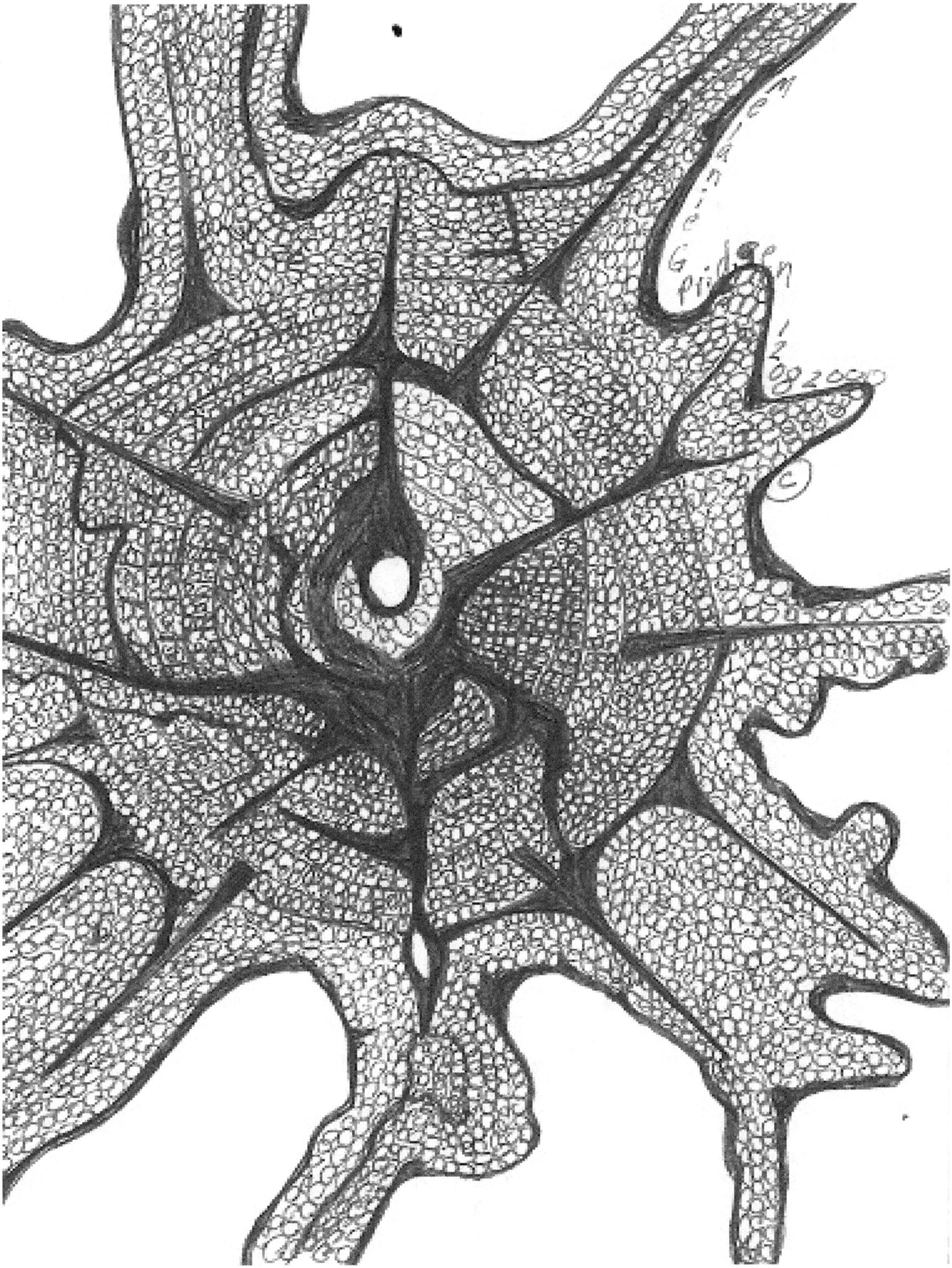

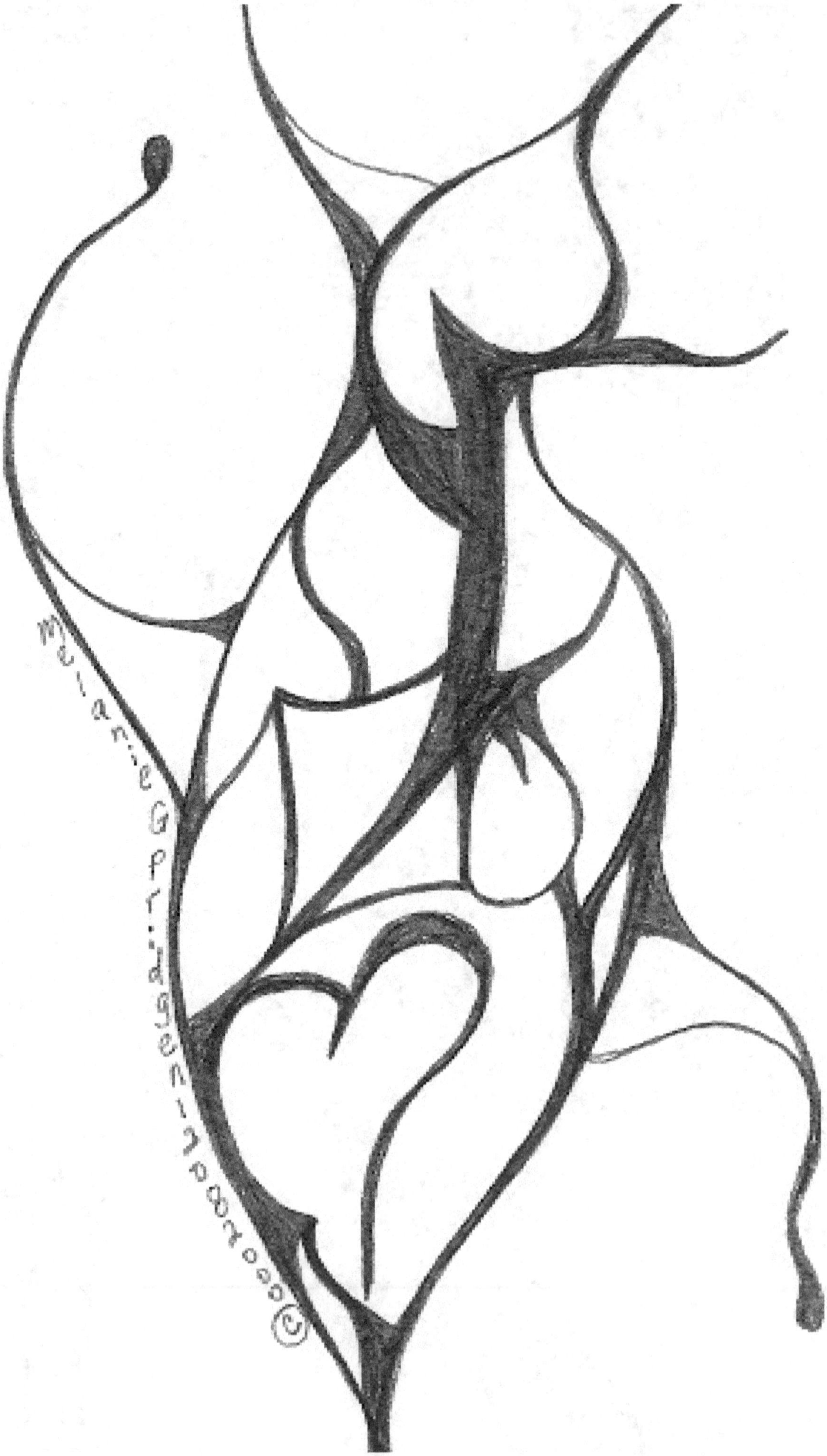
Melanie Gpr...dgen 17082000 ©

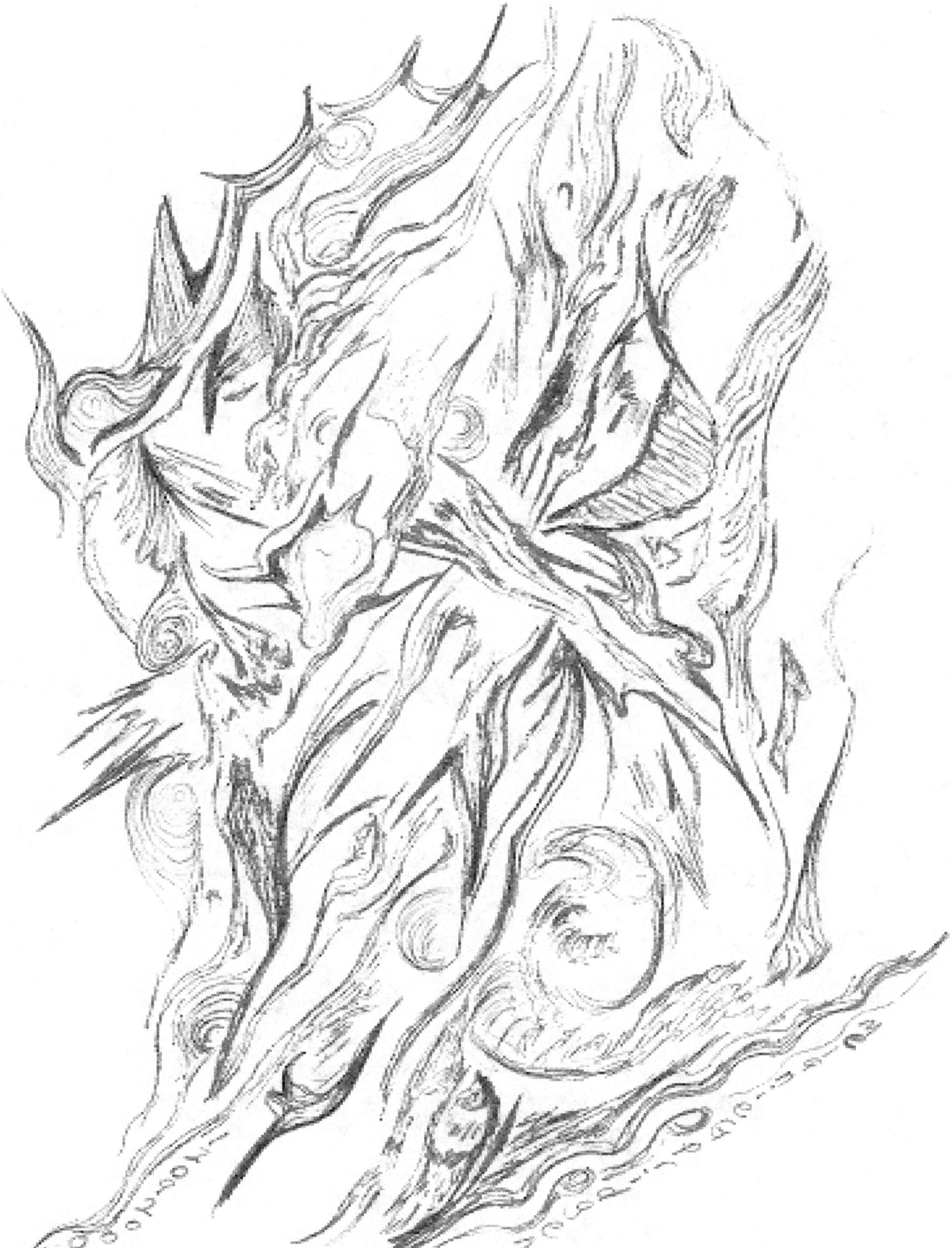

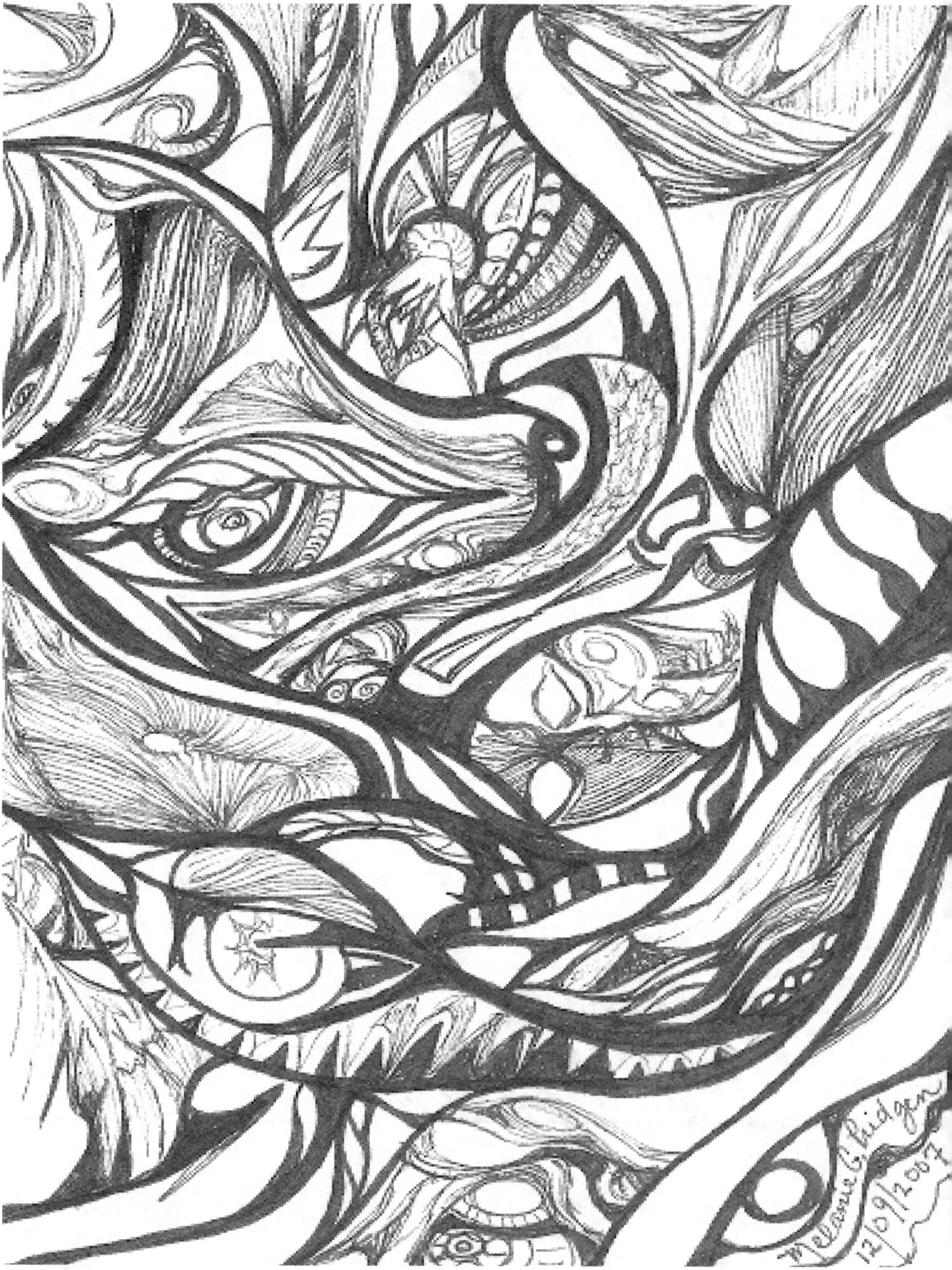
Melanie C. Ridgen
12/09/2007

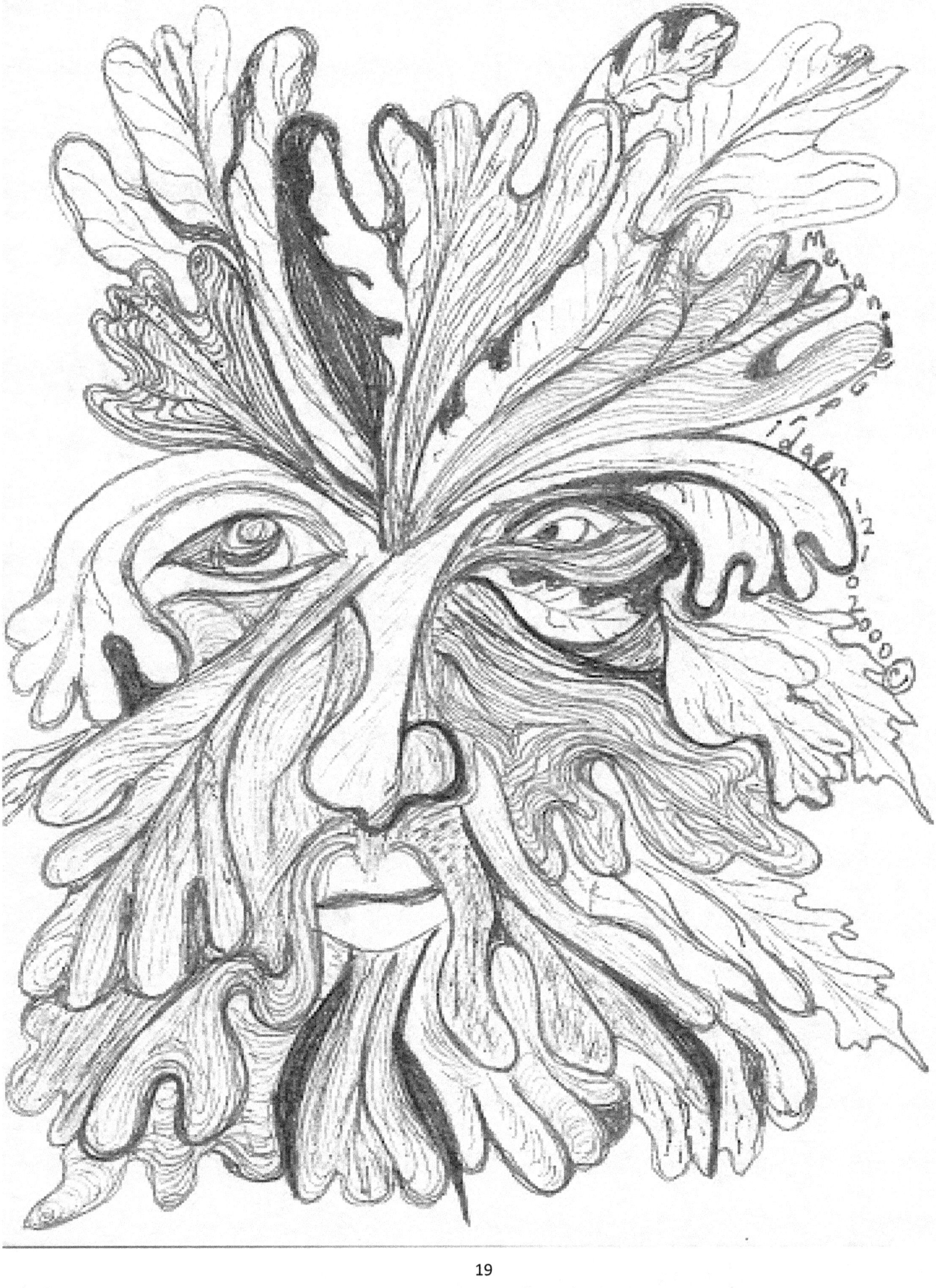

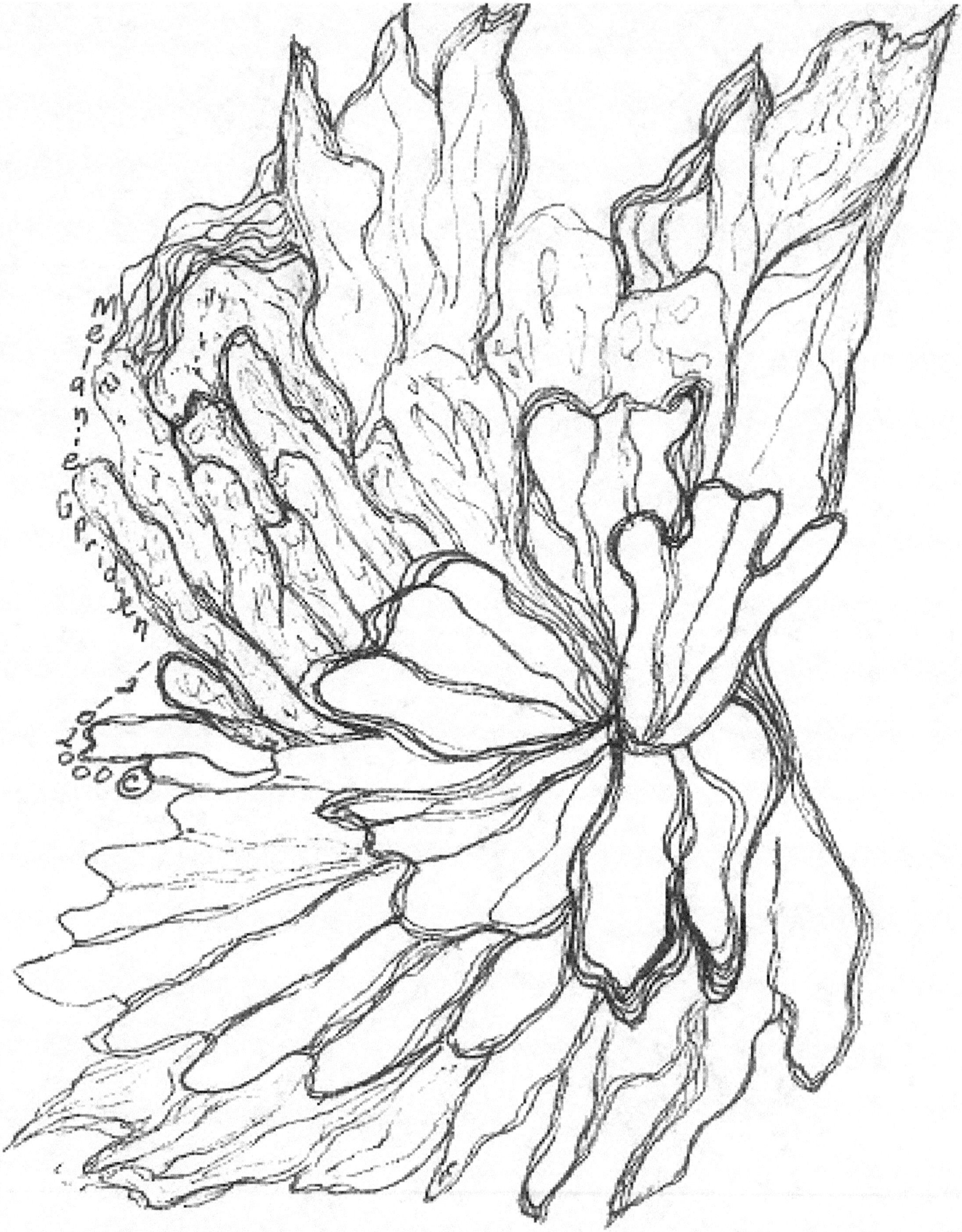

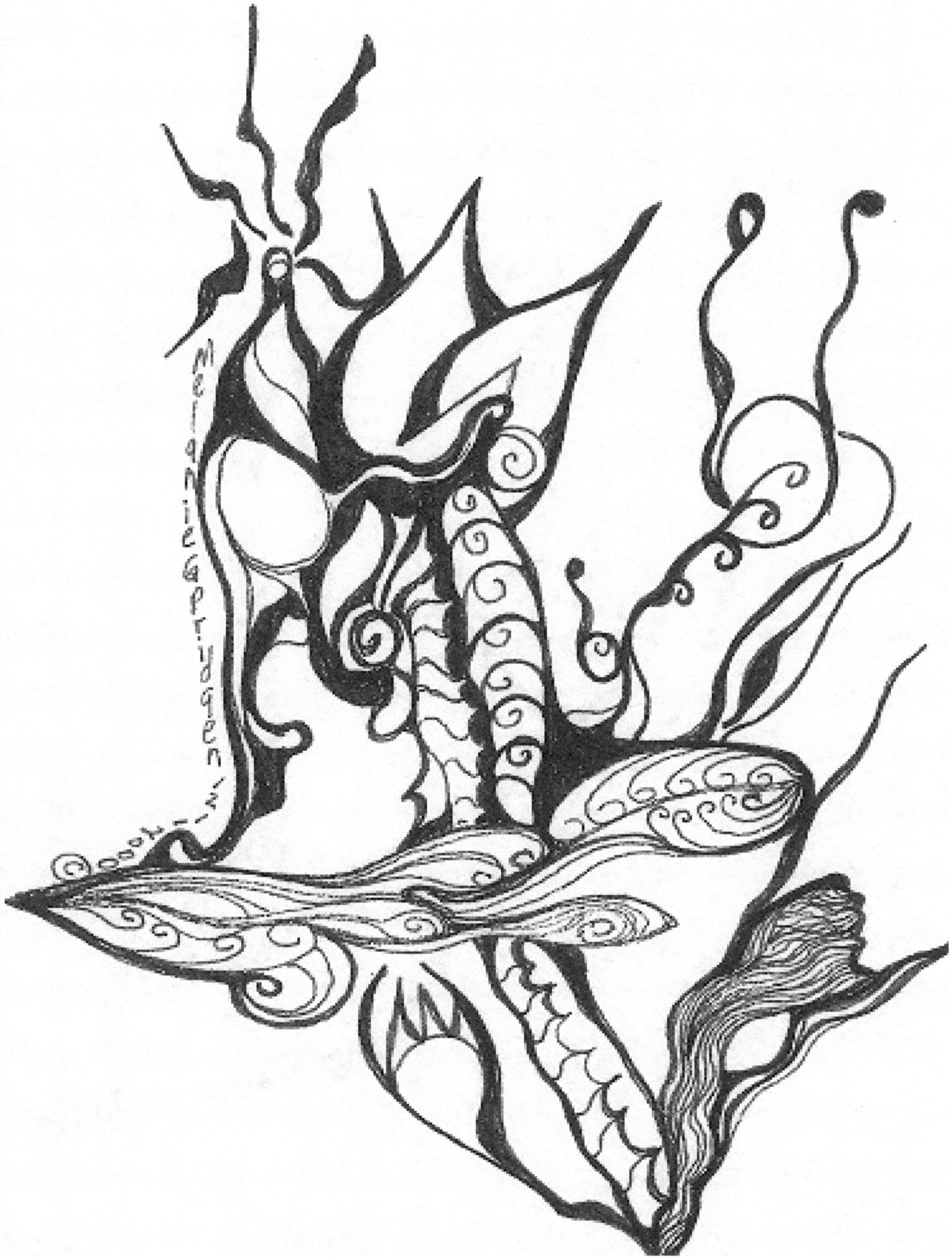

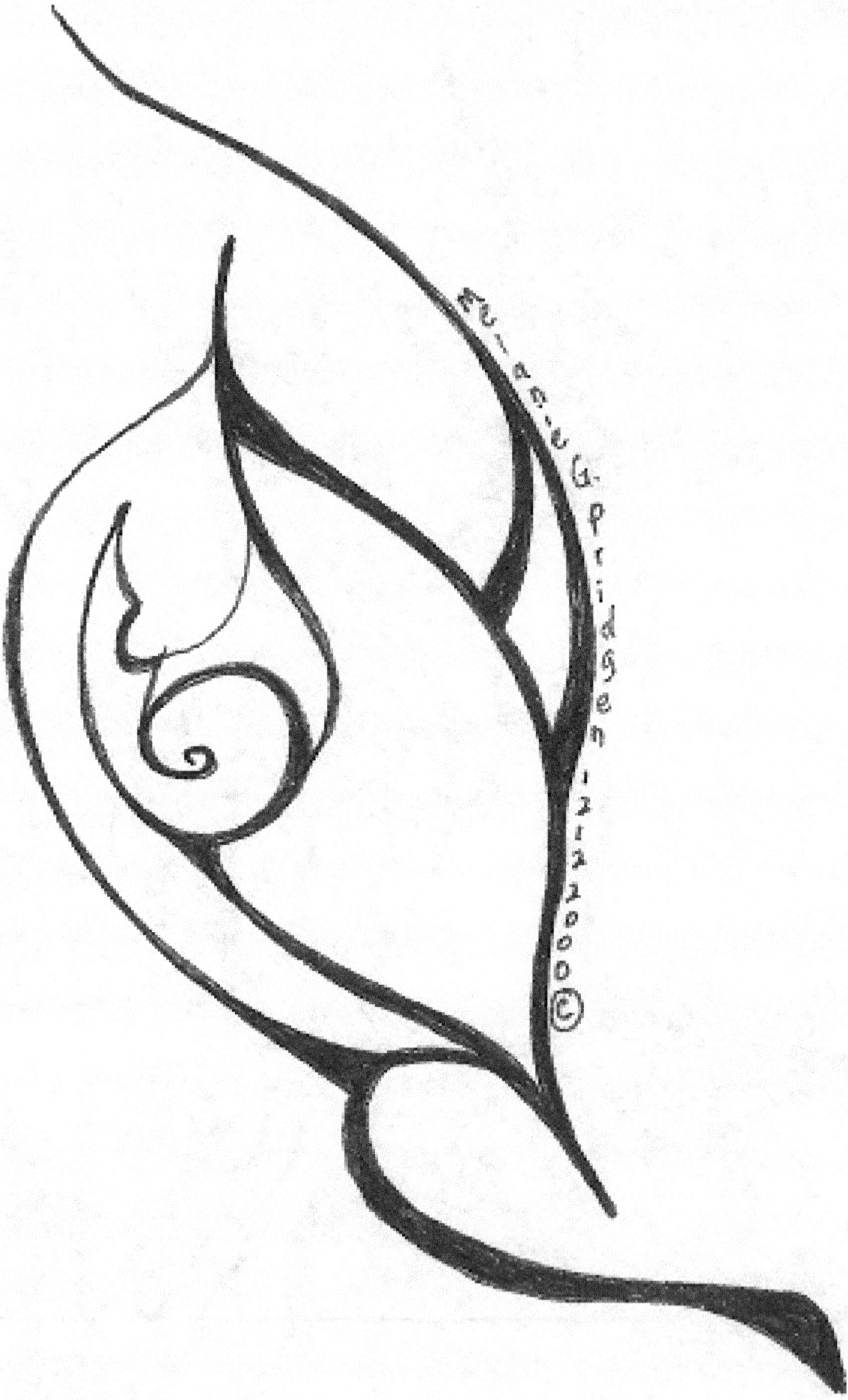
Melanie G. Pridgen ©

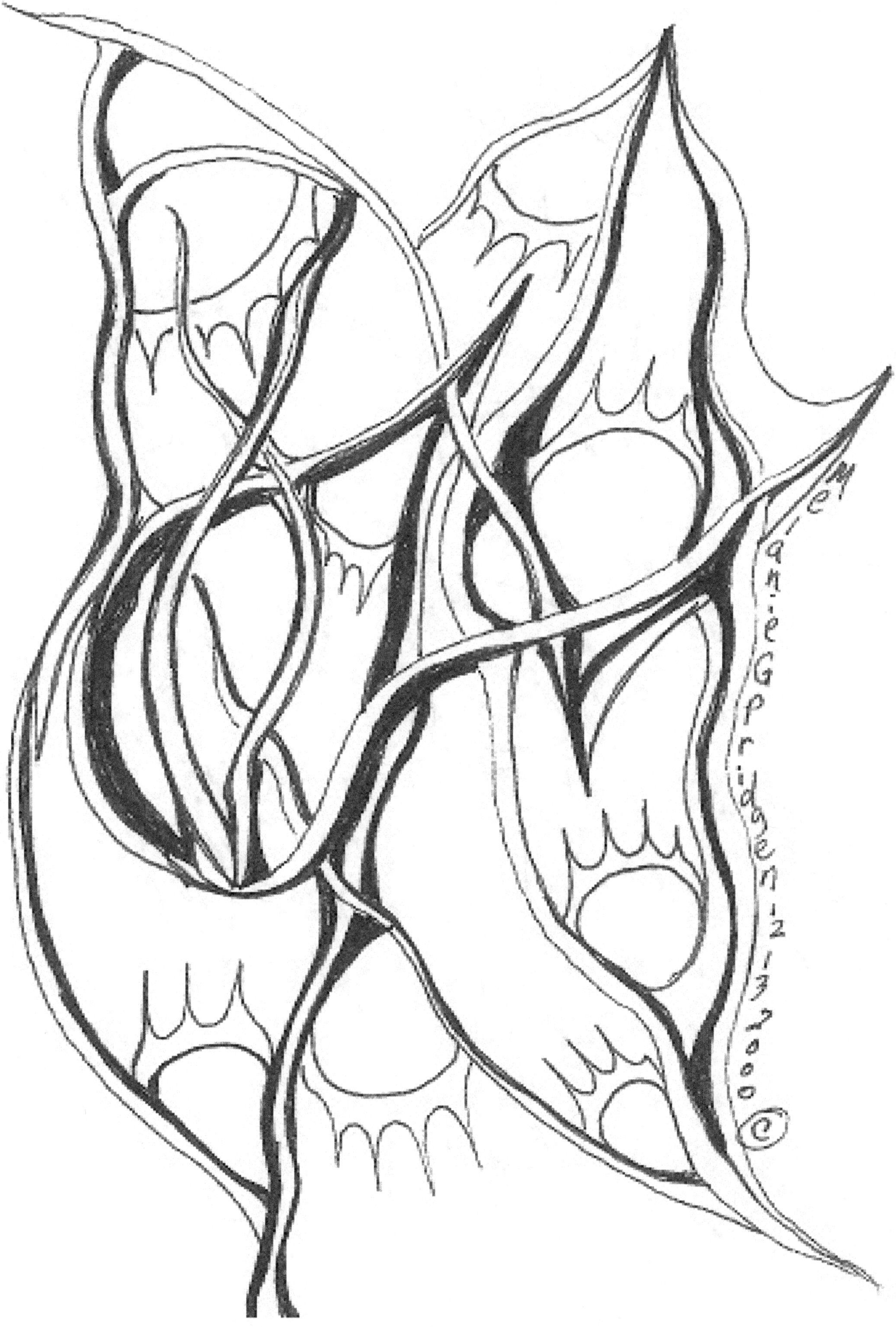

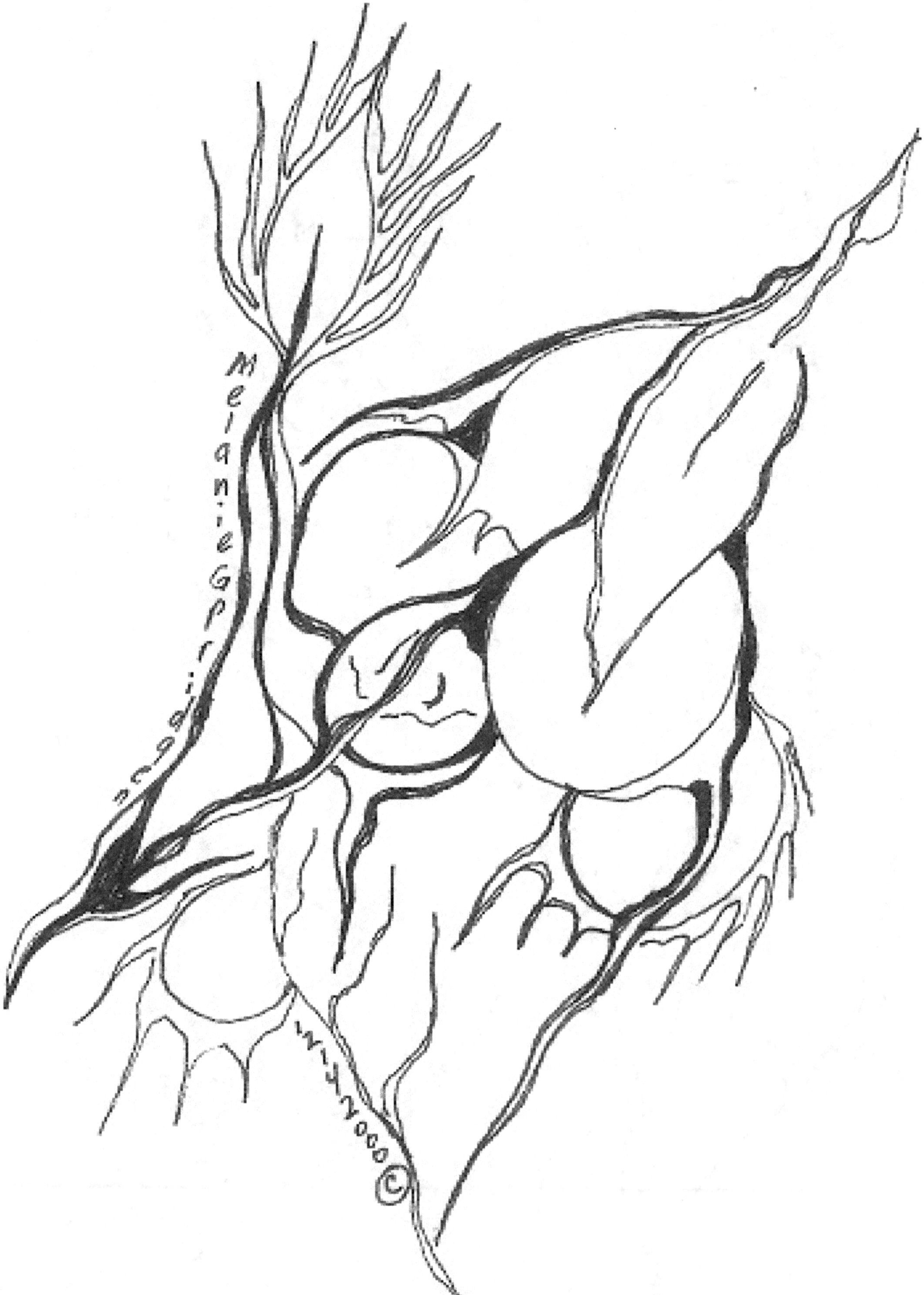
Melanie
2000 ©

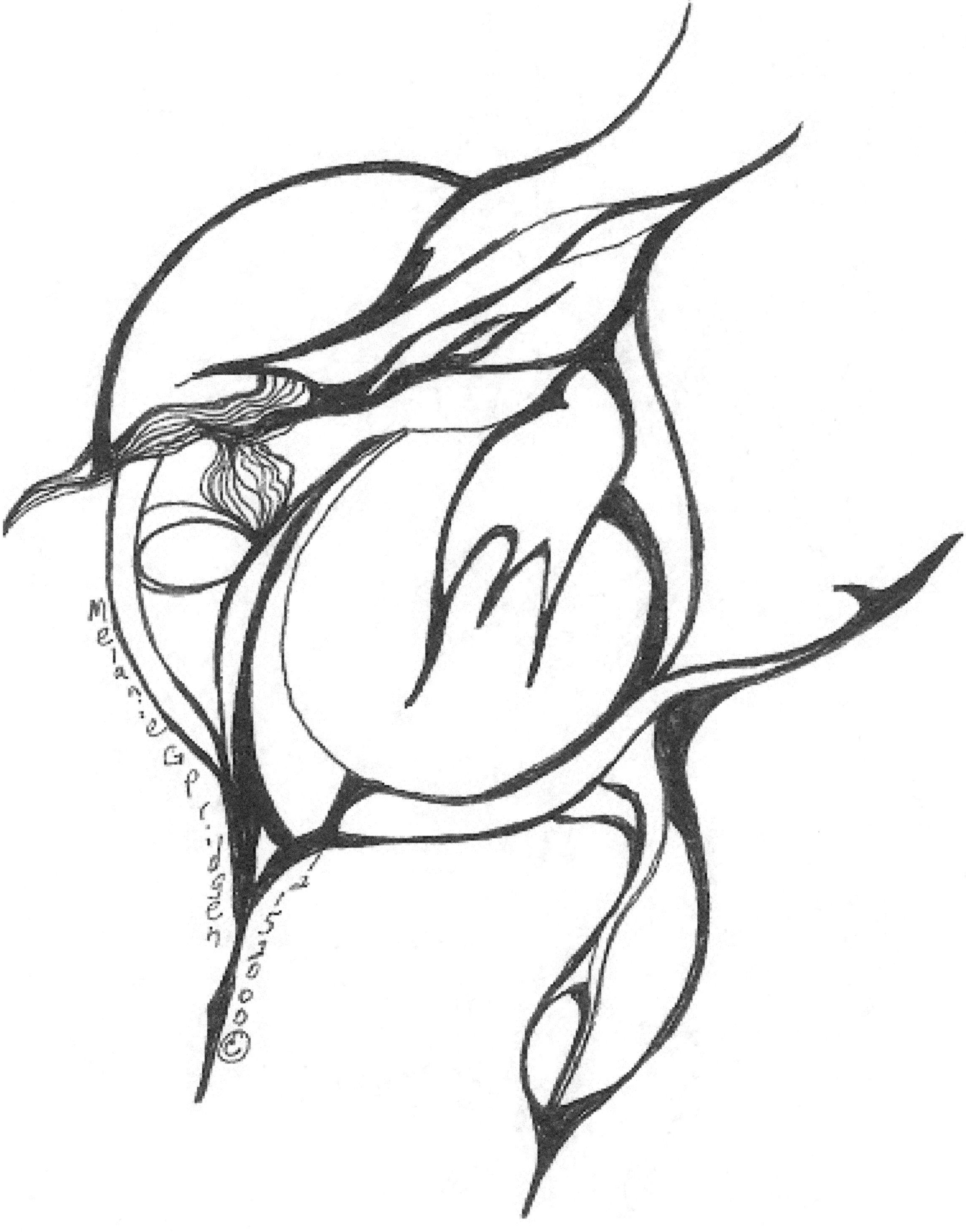

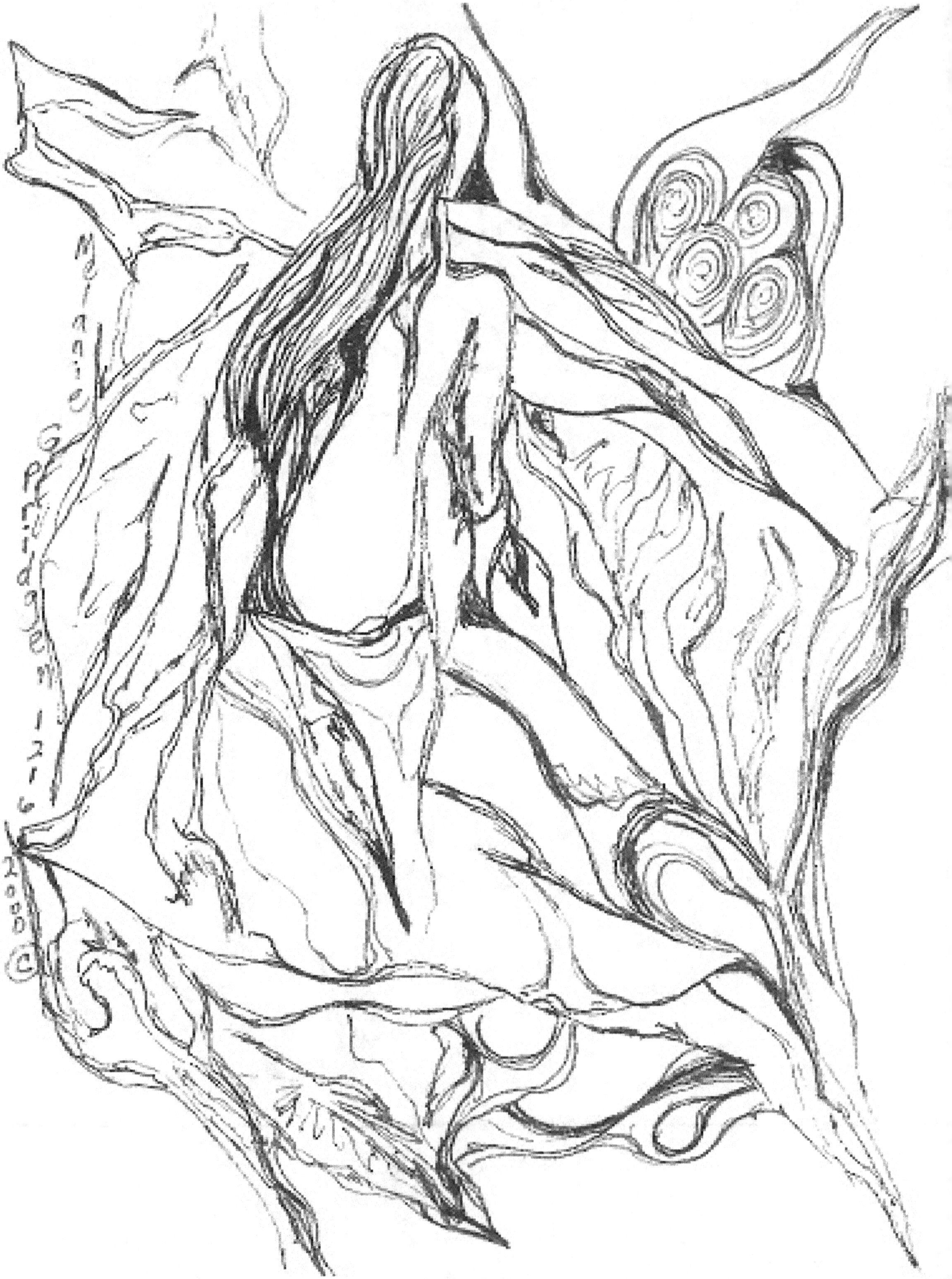

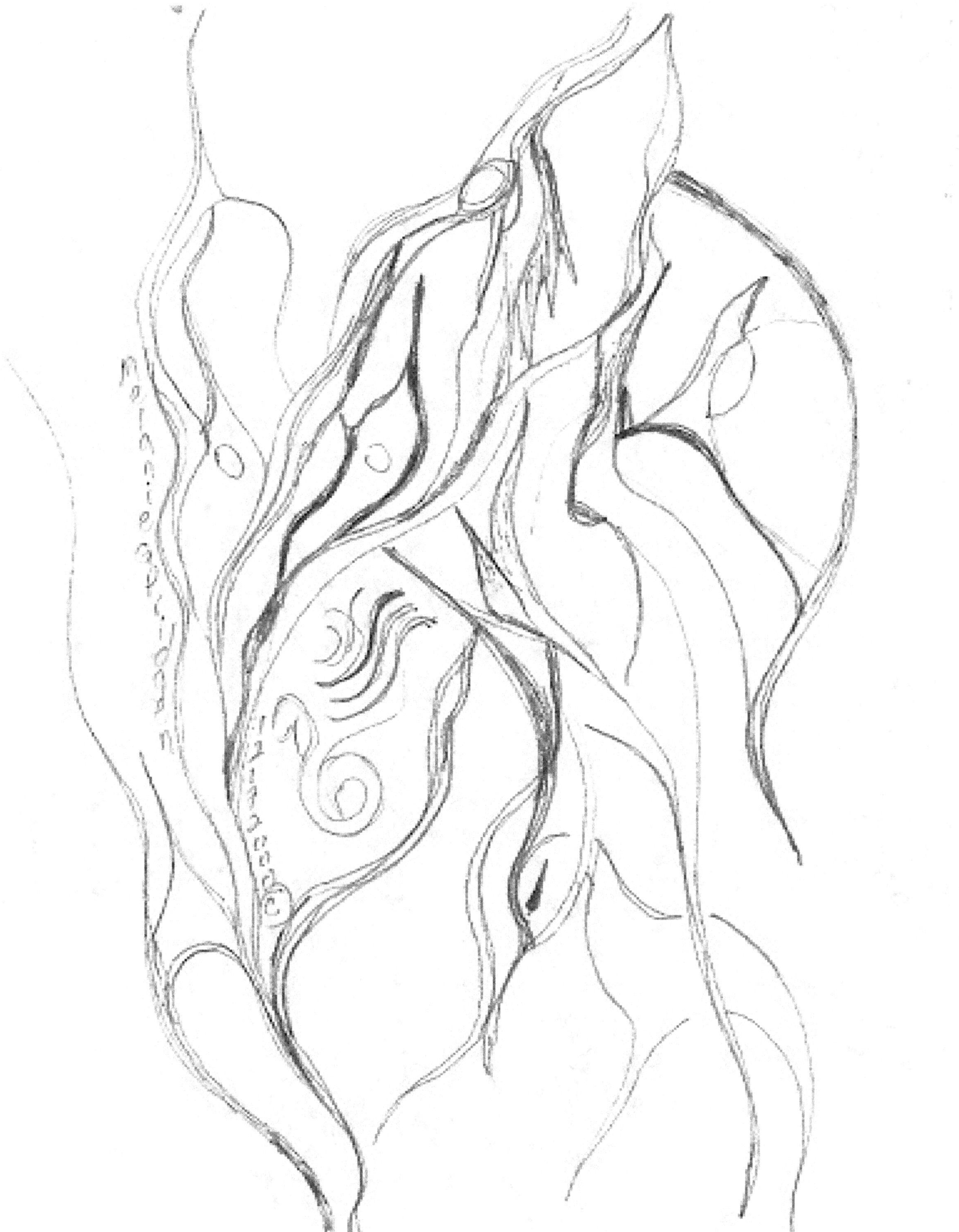

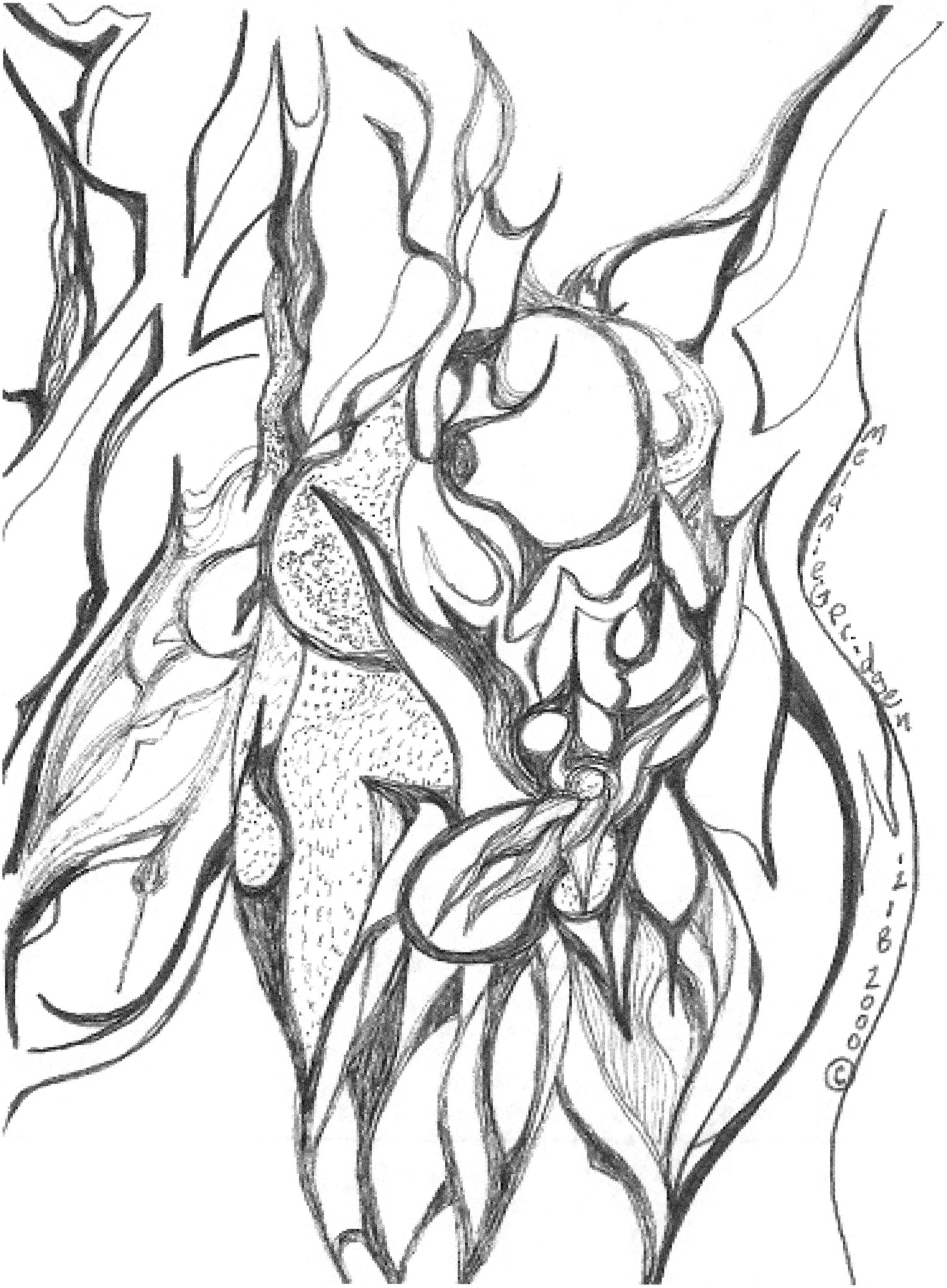

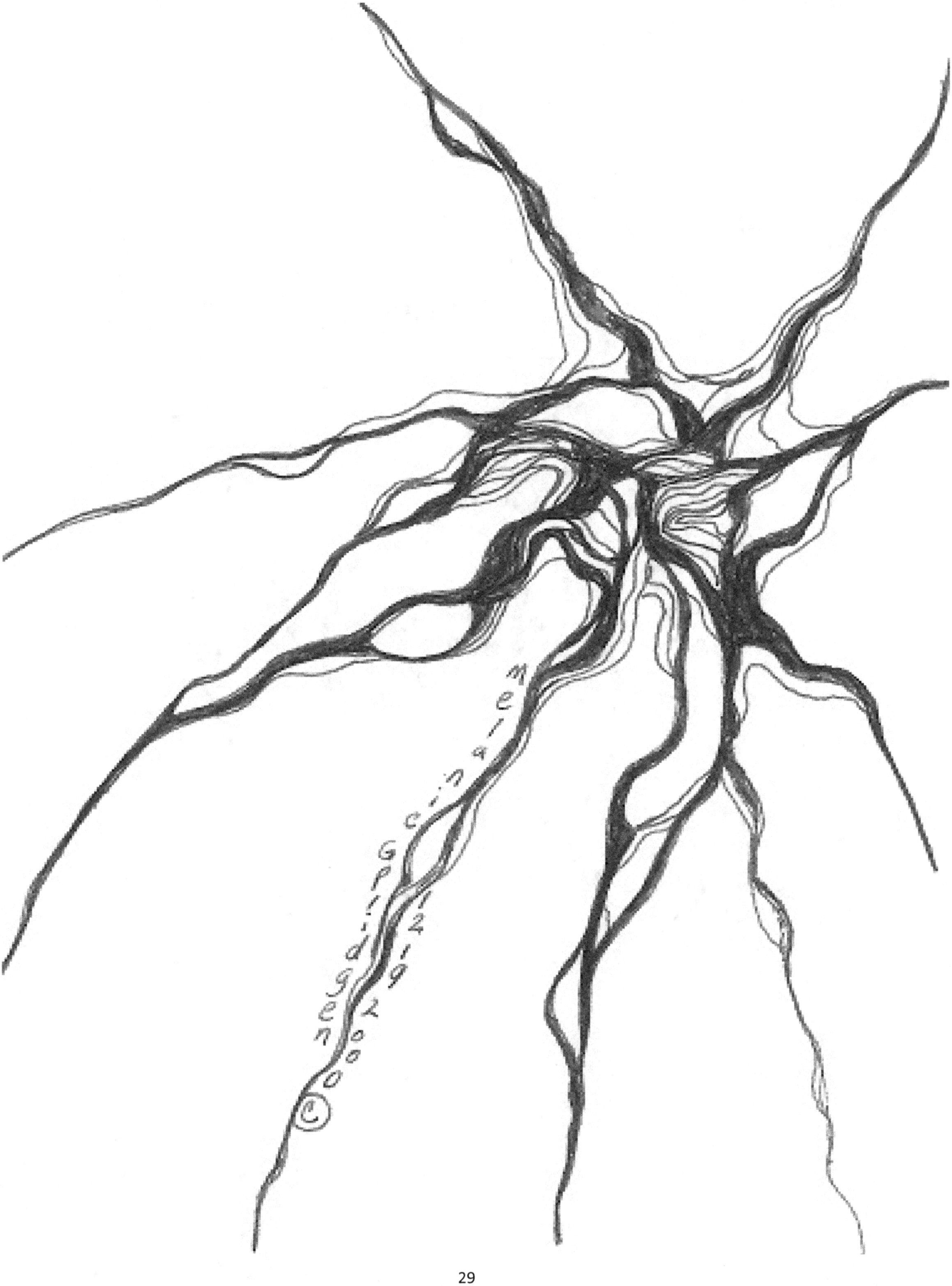

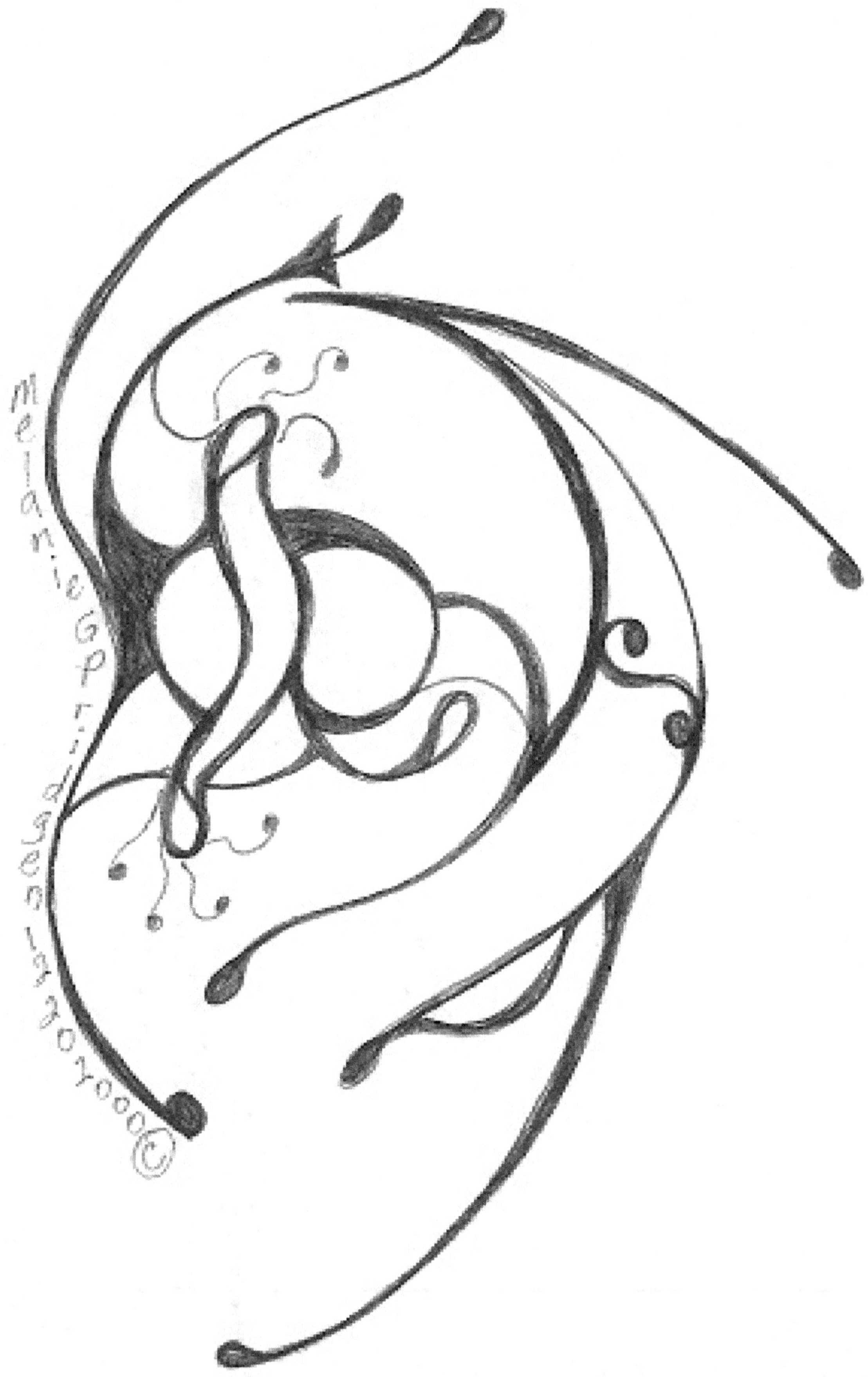
Melanie G Pridgen

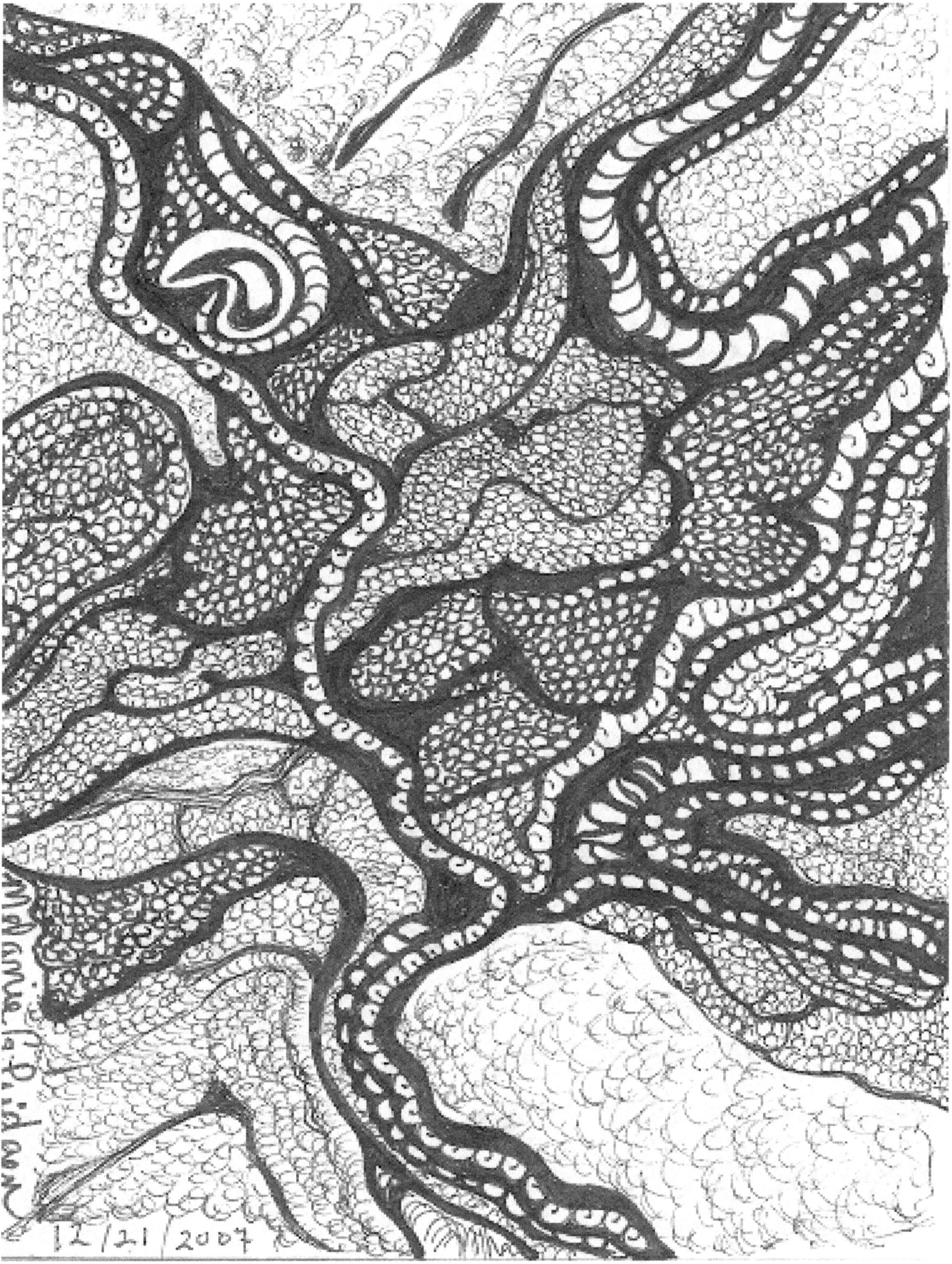
12/21/2007

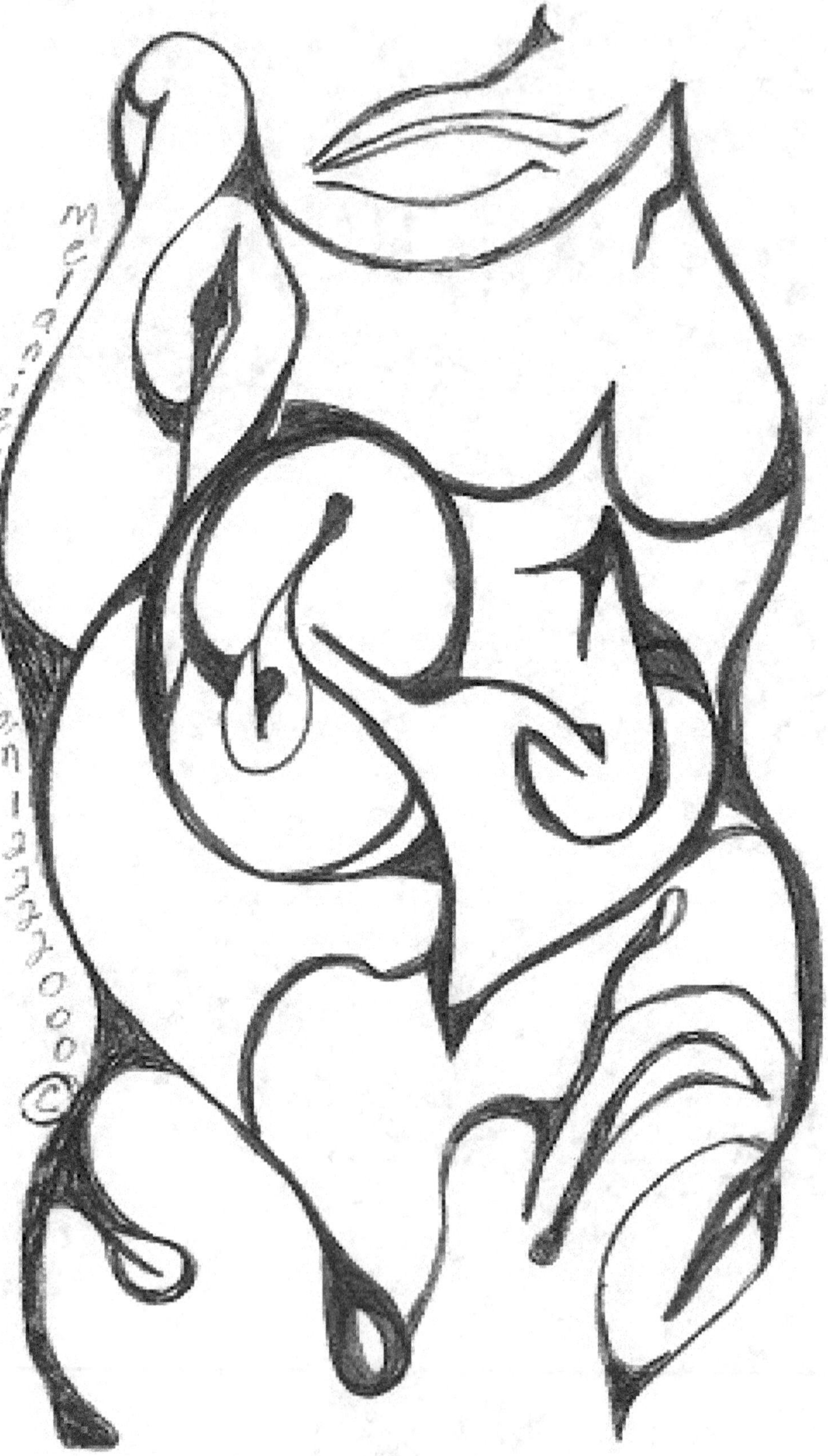

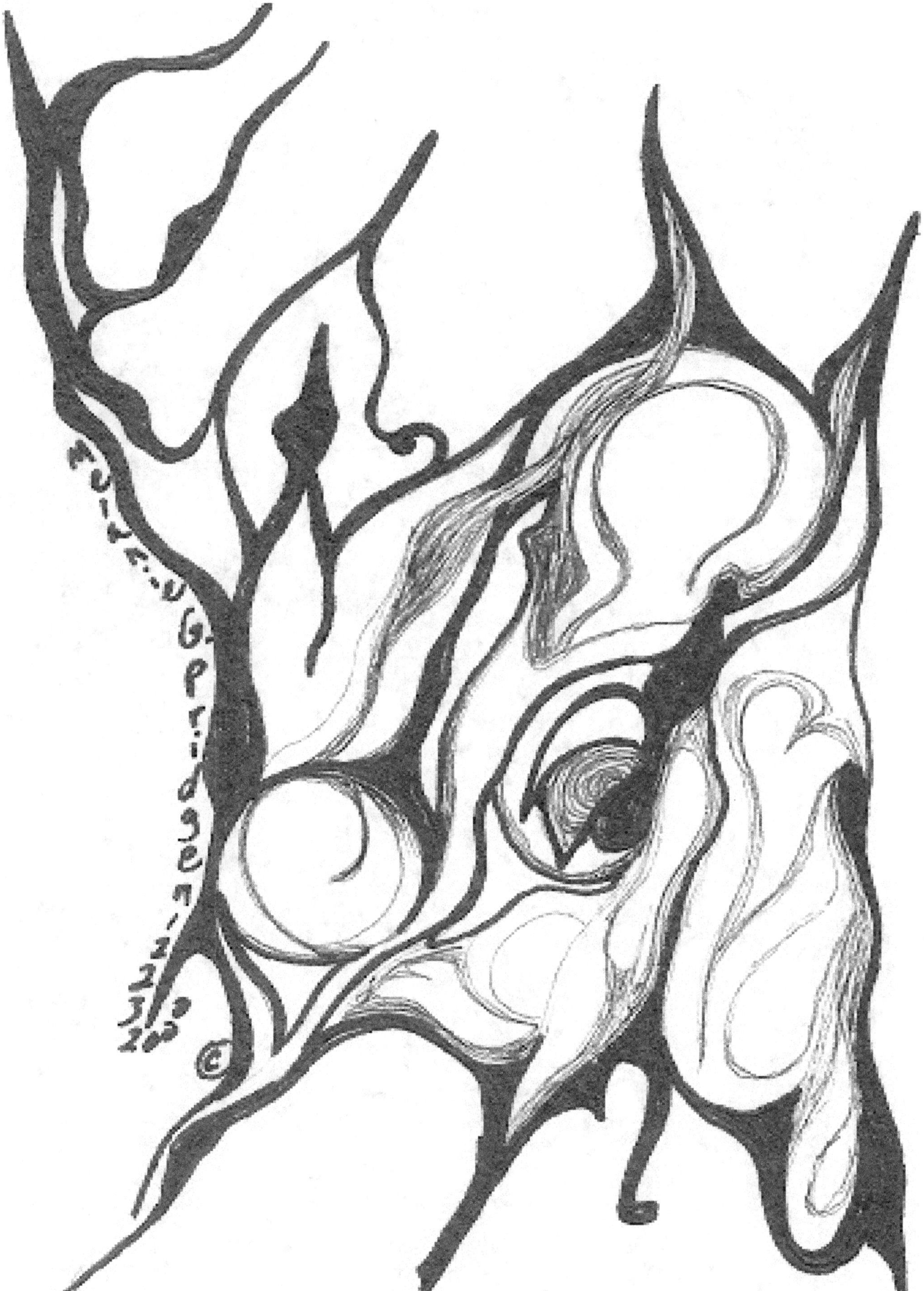

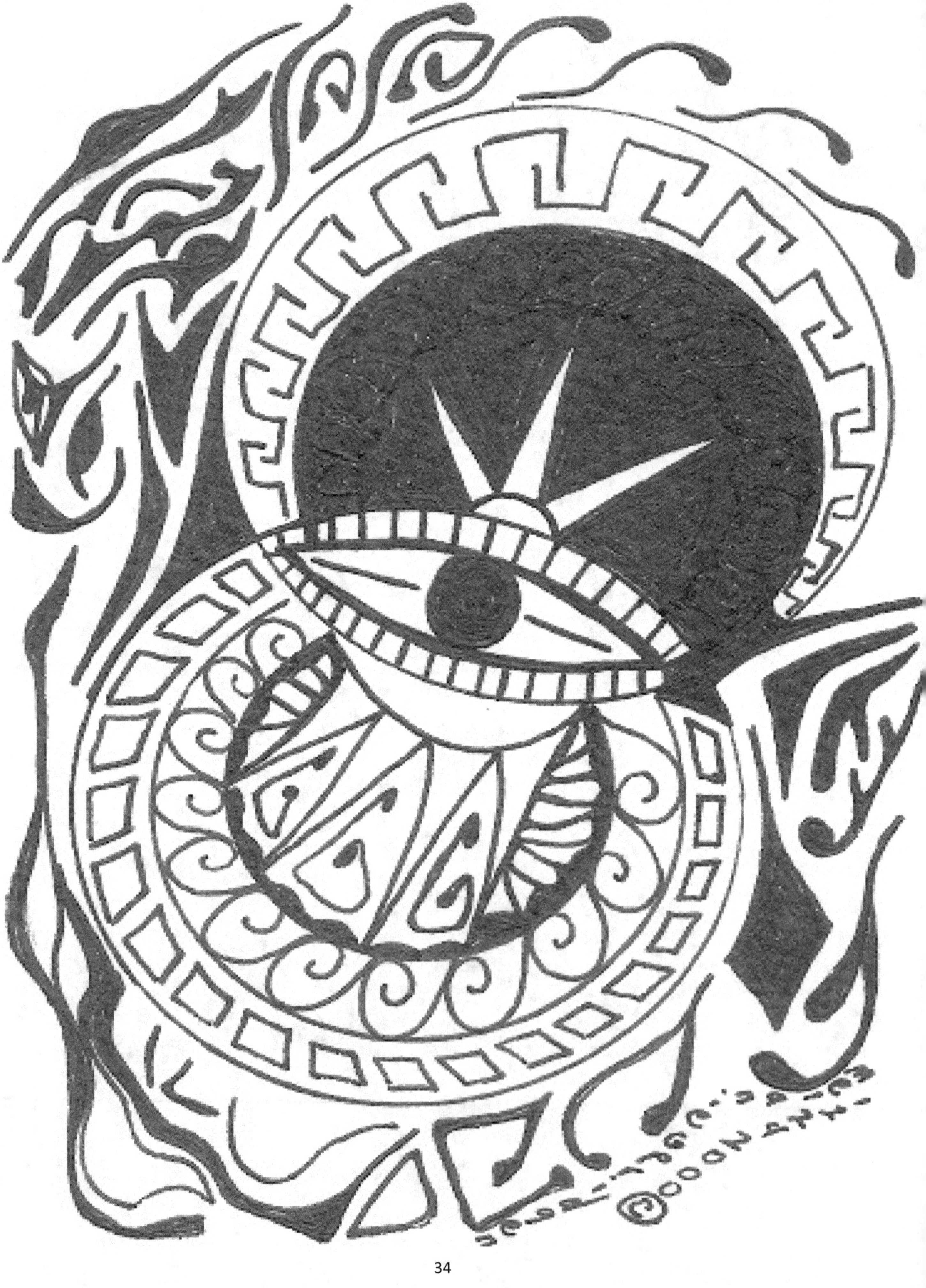

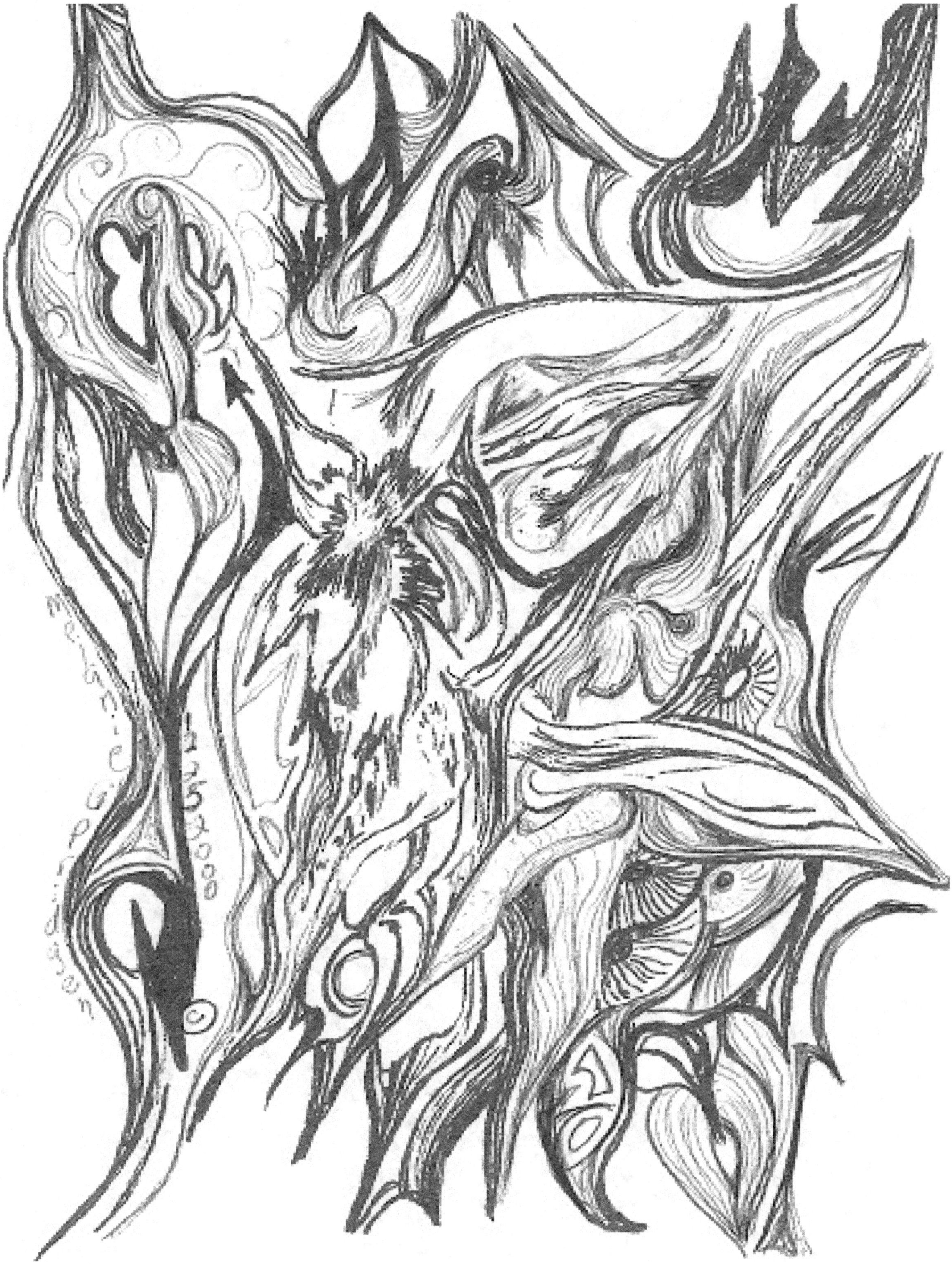

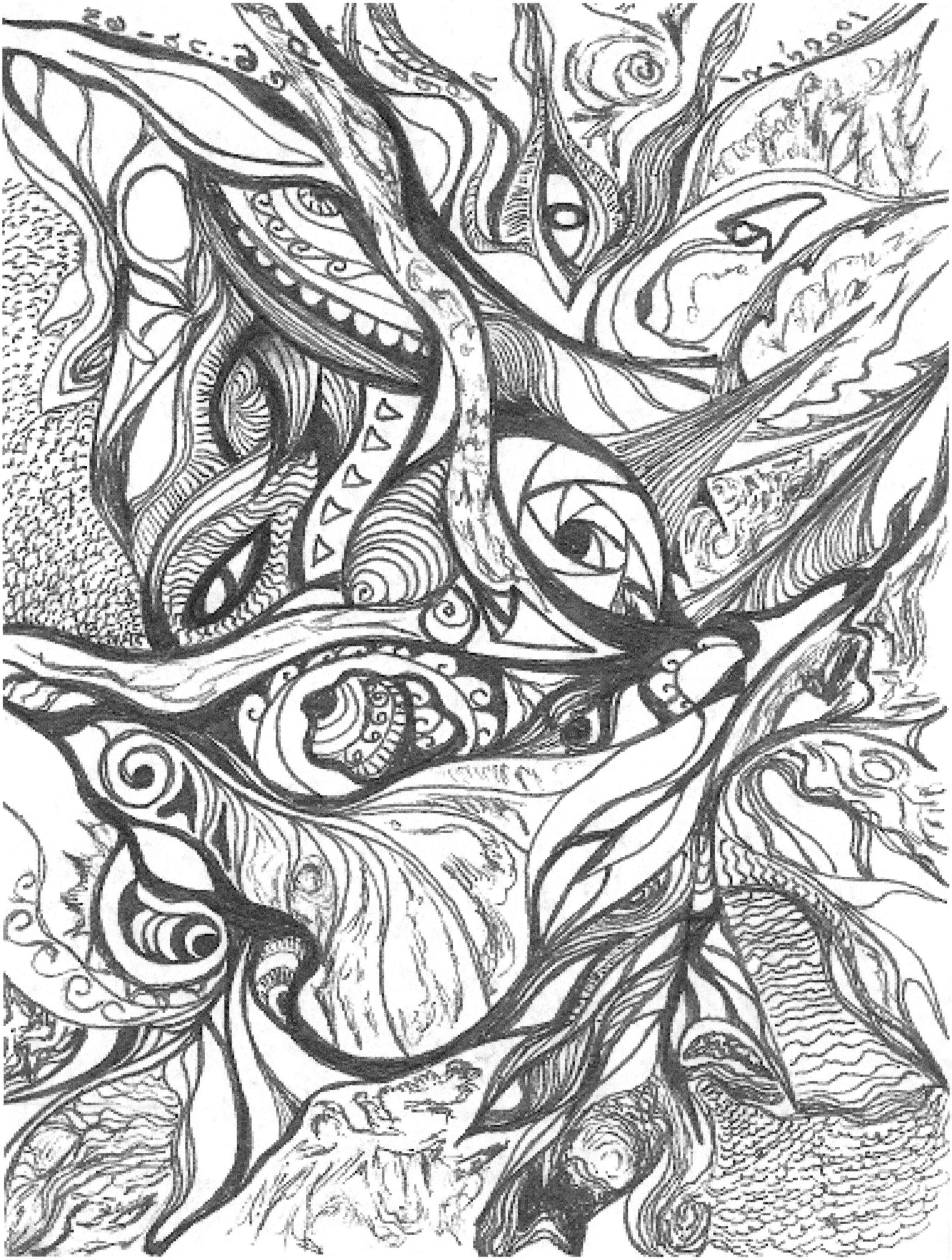

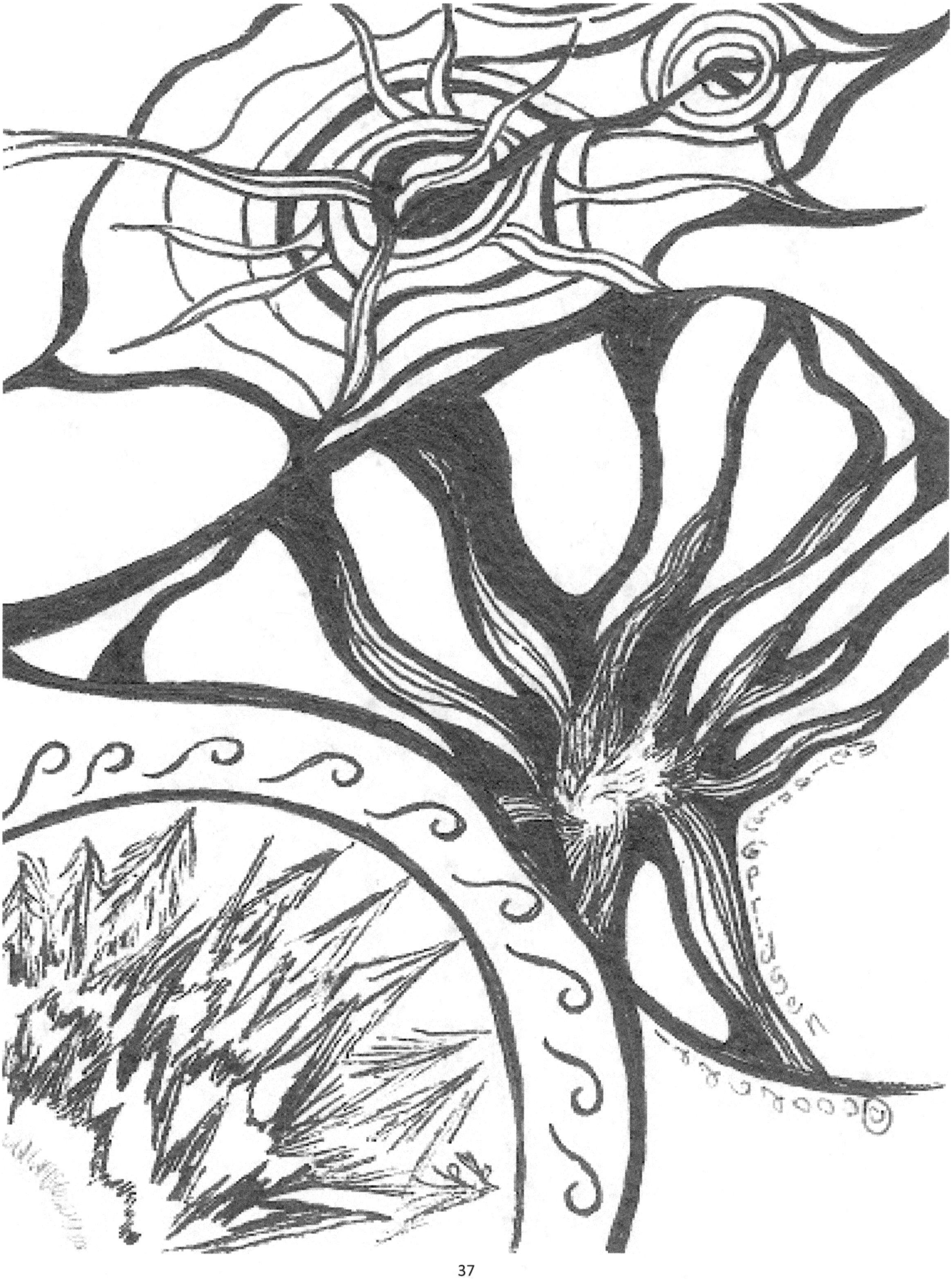

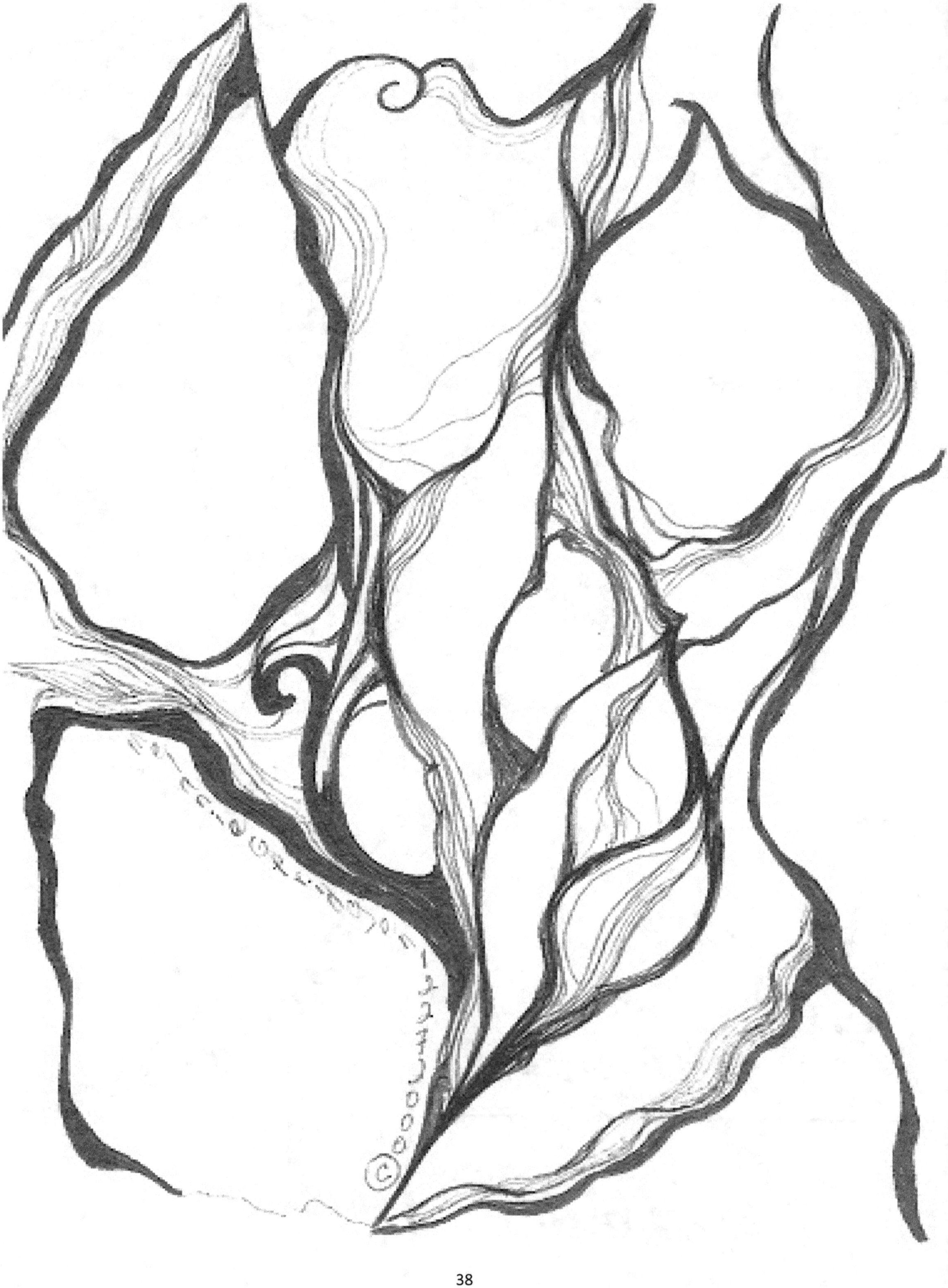

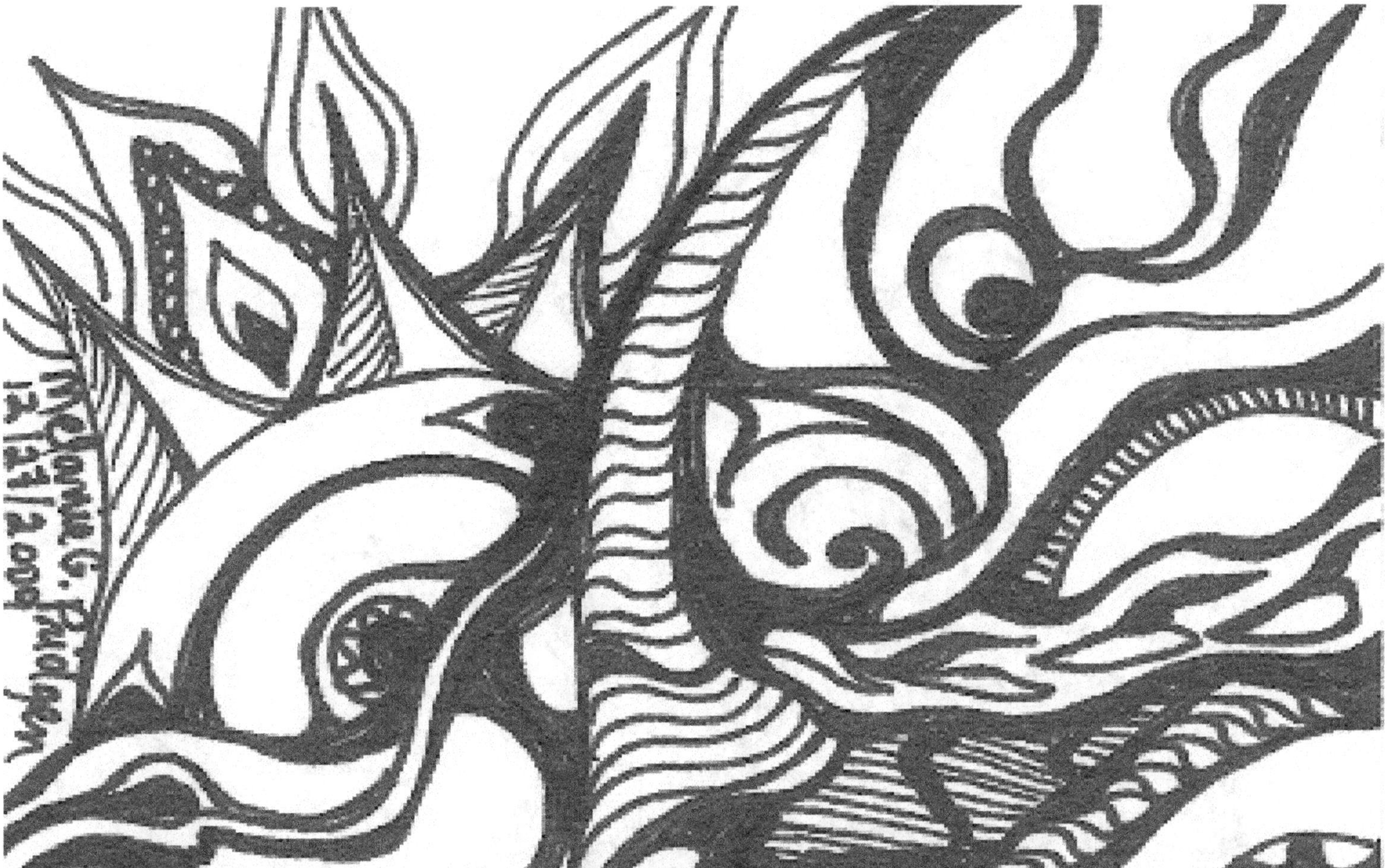

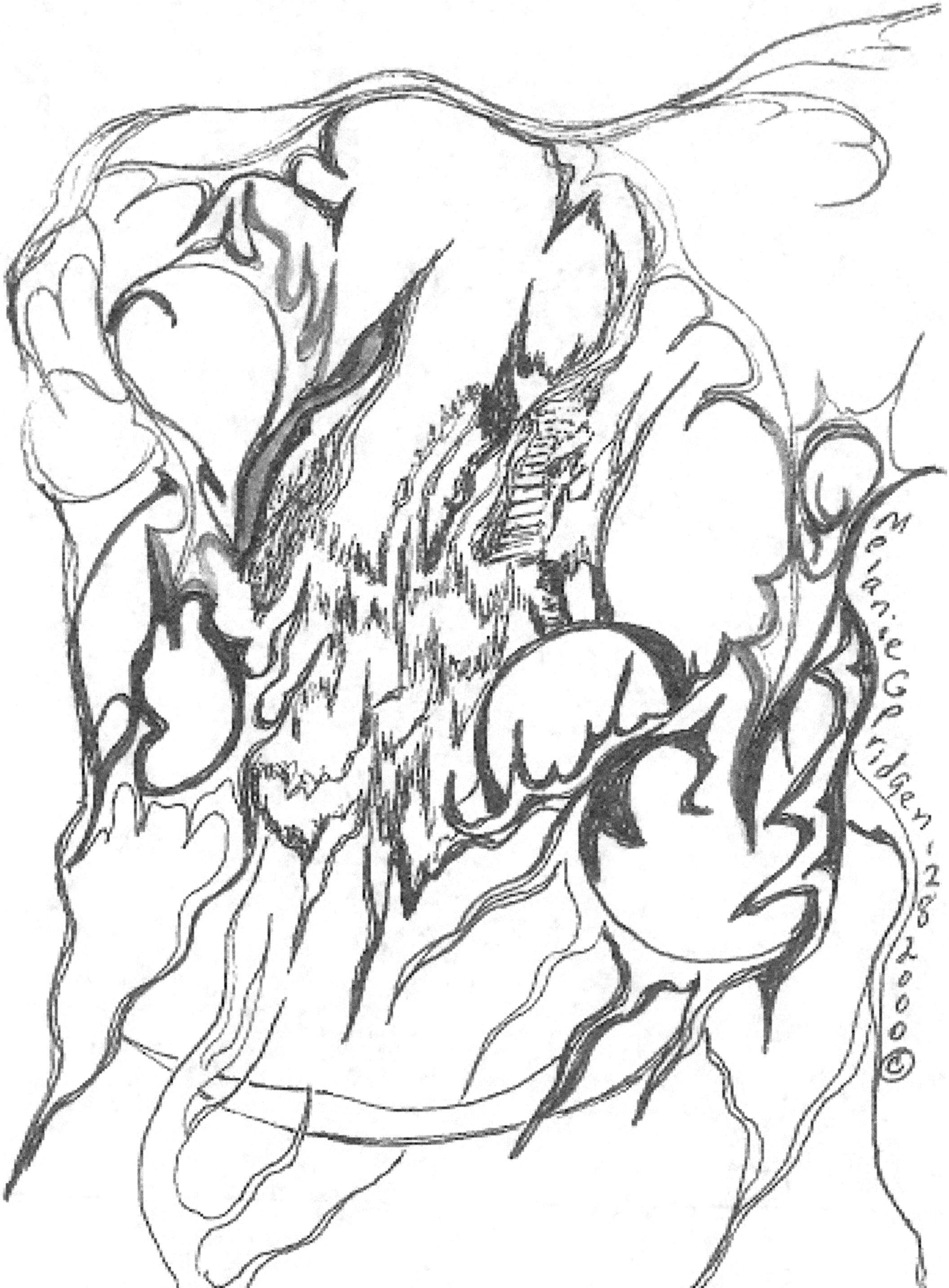
MelanieGridgen-28
2000 ©

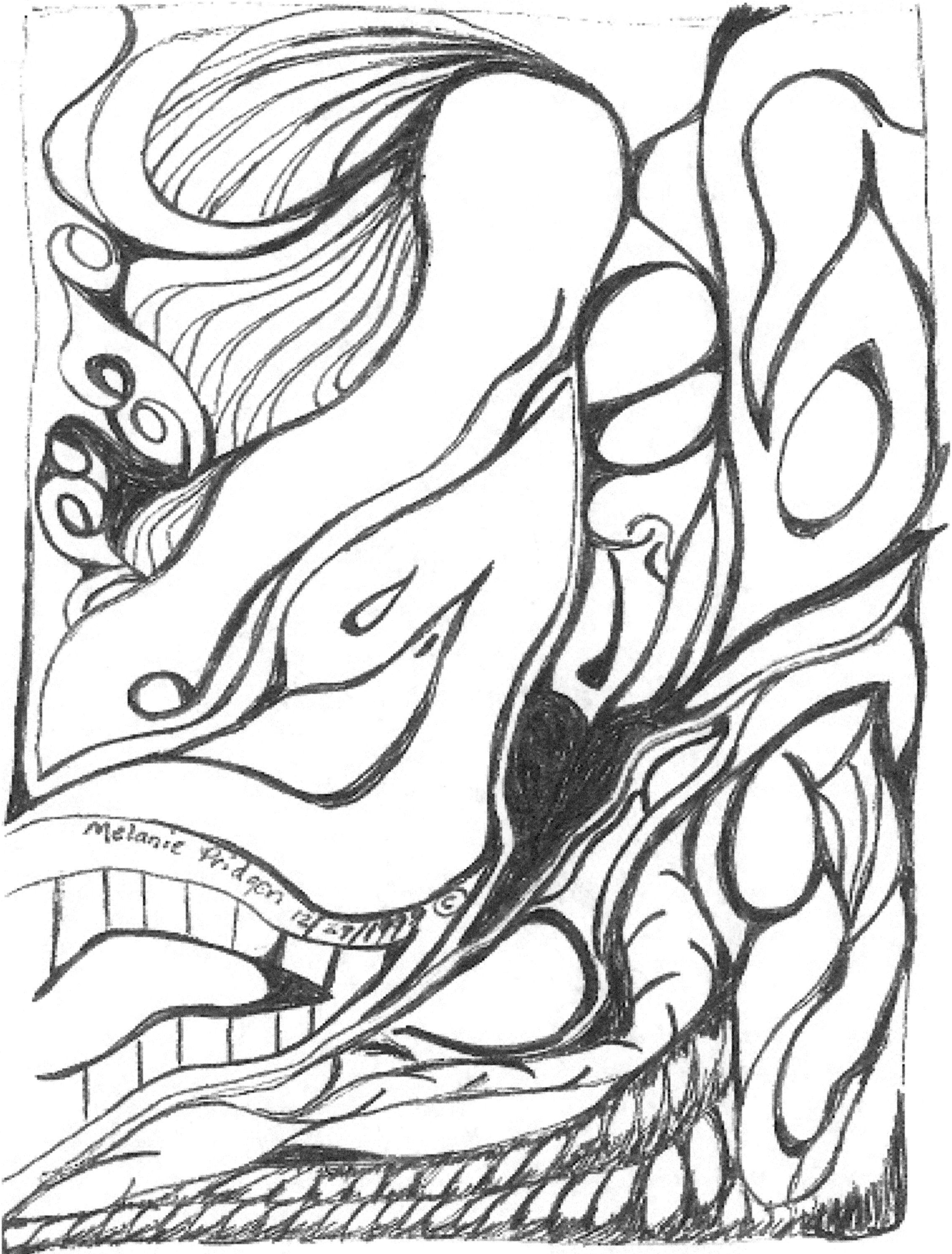
Melanie

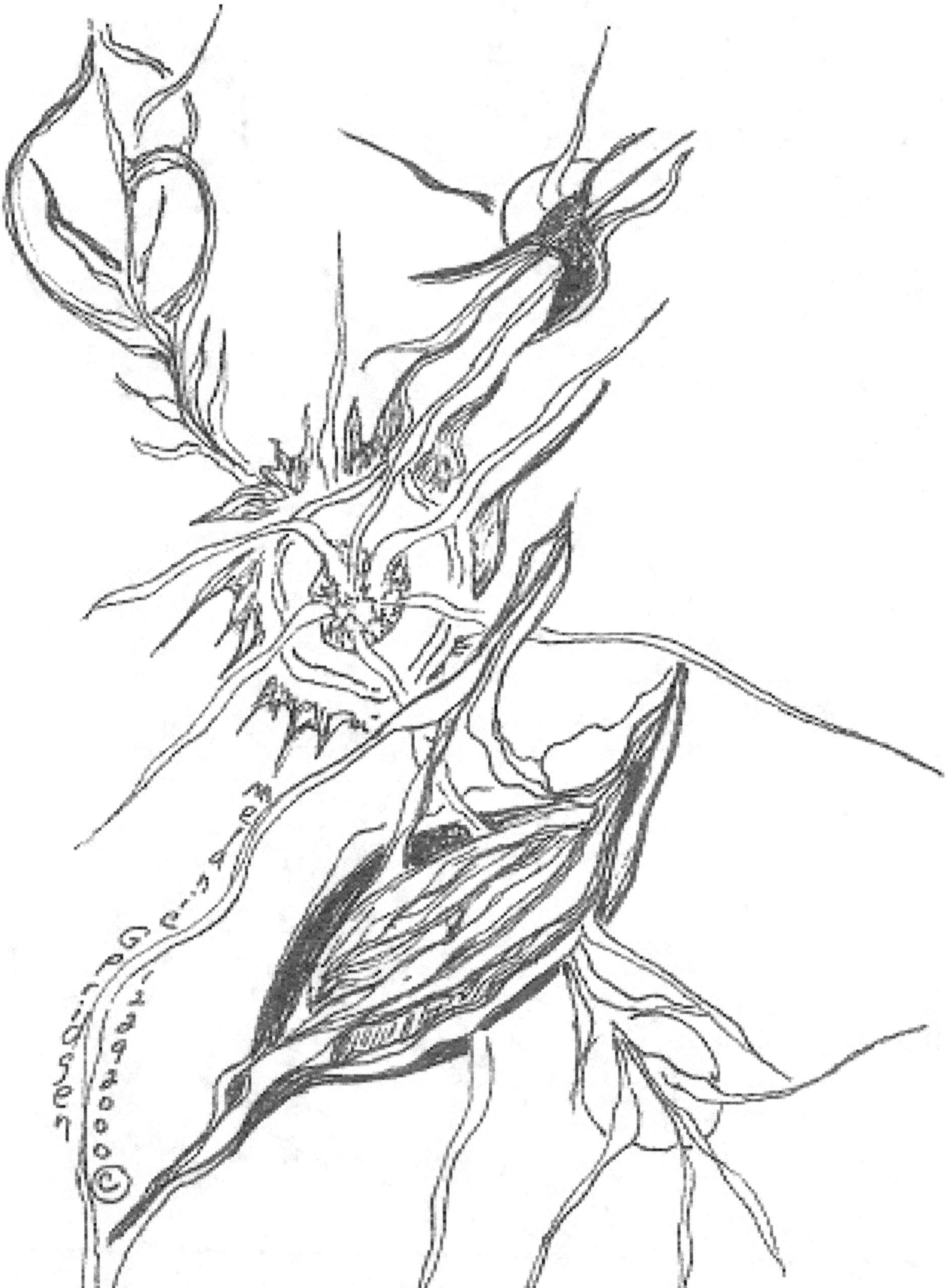

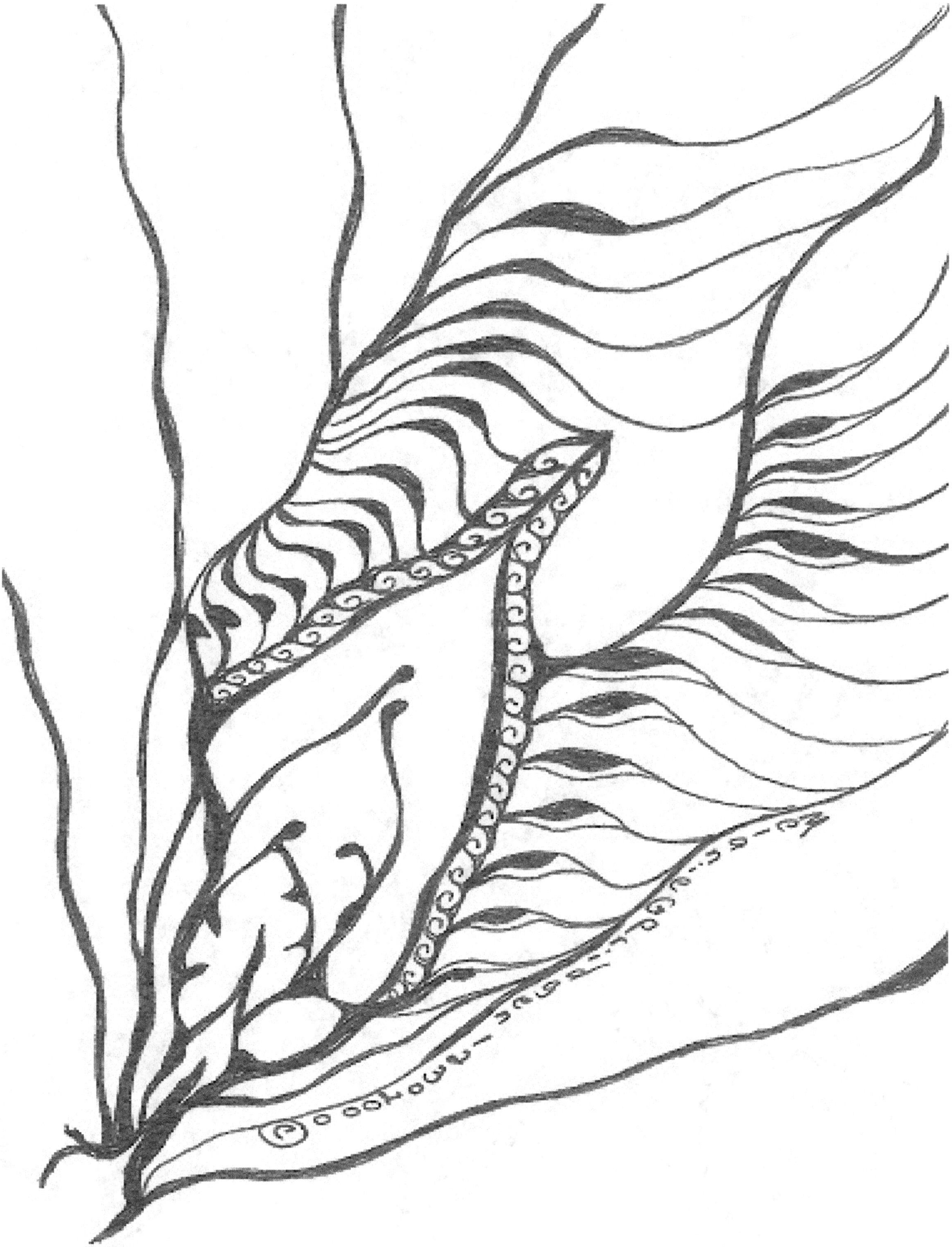

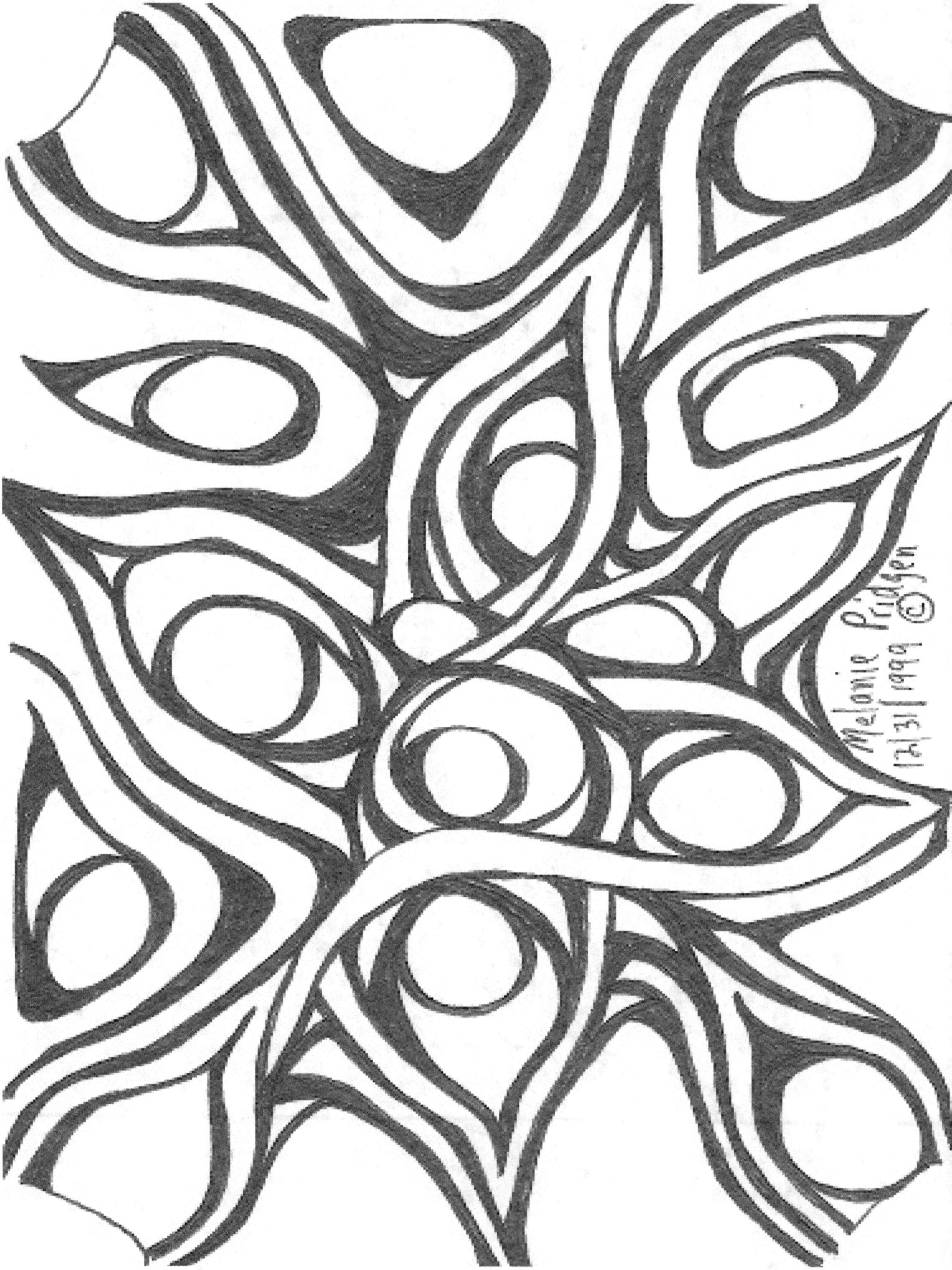
Melanie Pridgen
12/31/1999 ©

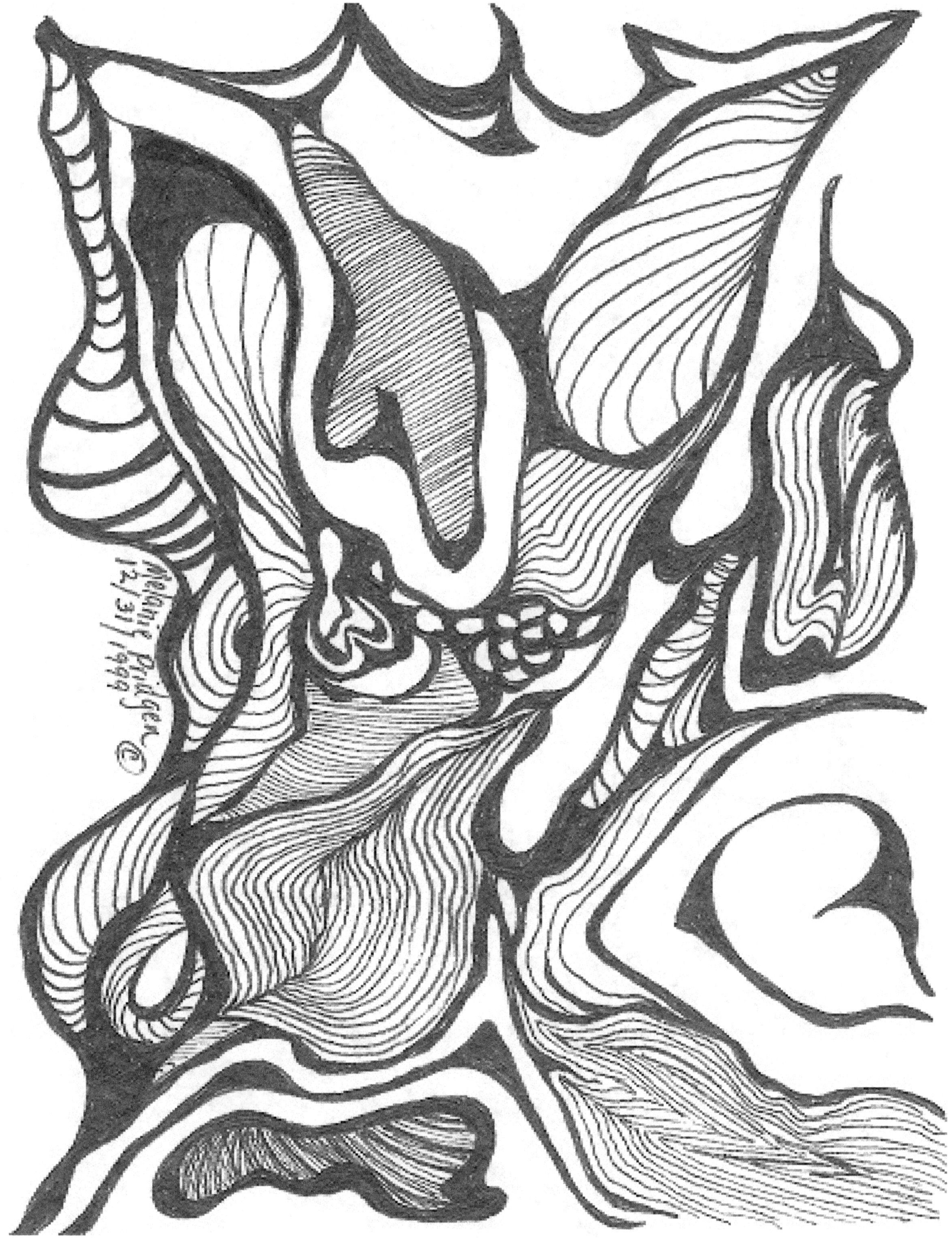
Melanie Pridgen
12/31/1999
©

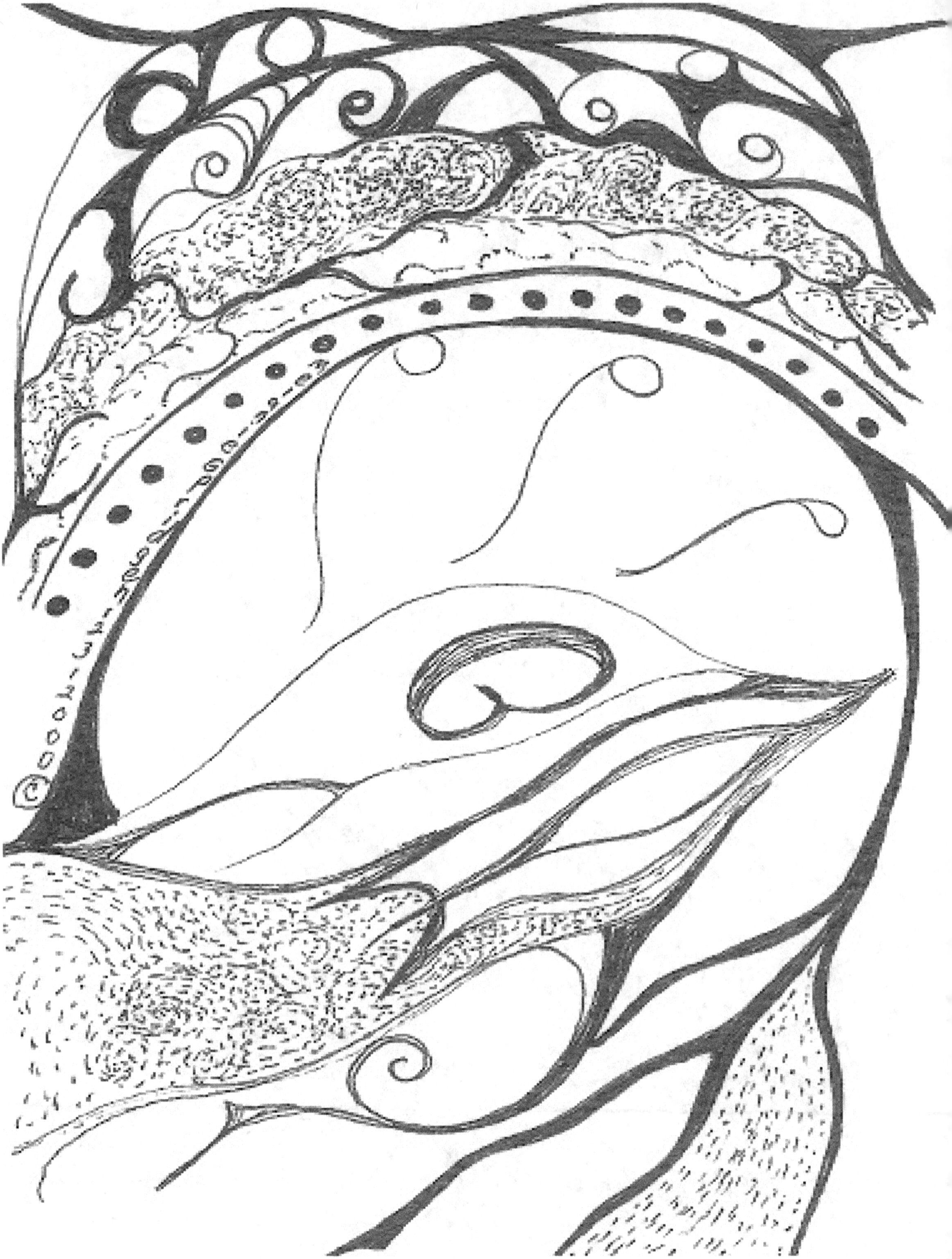

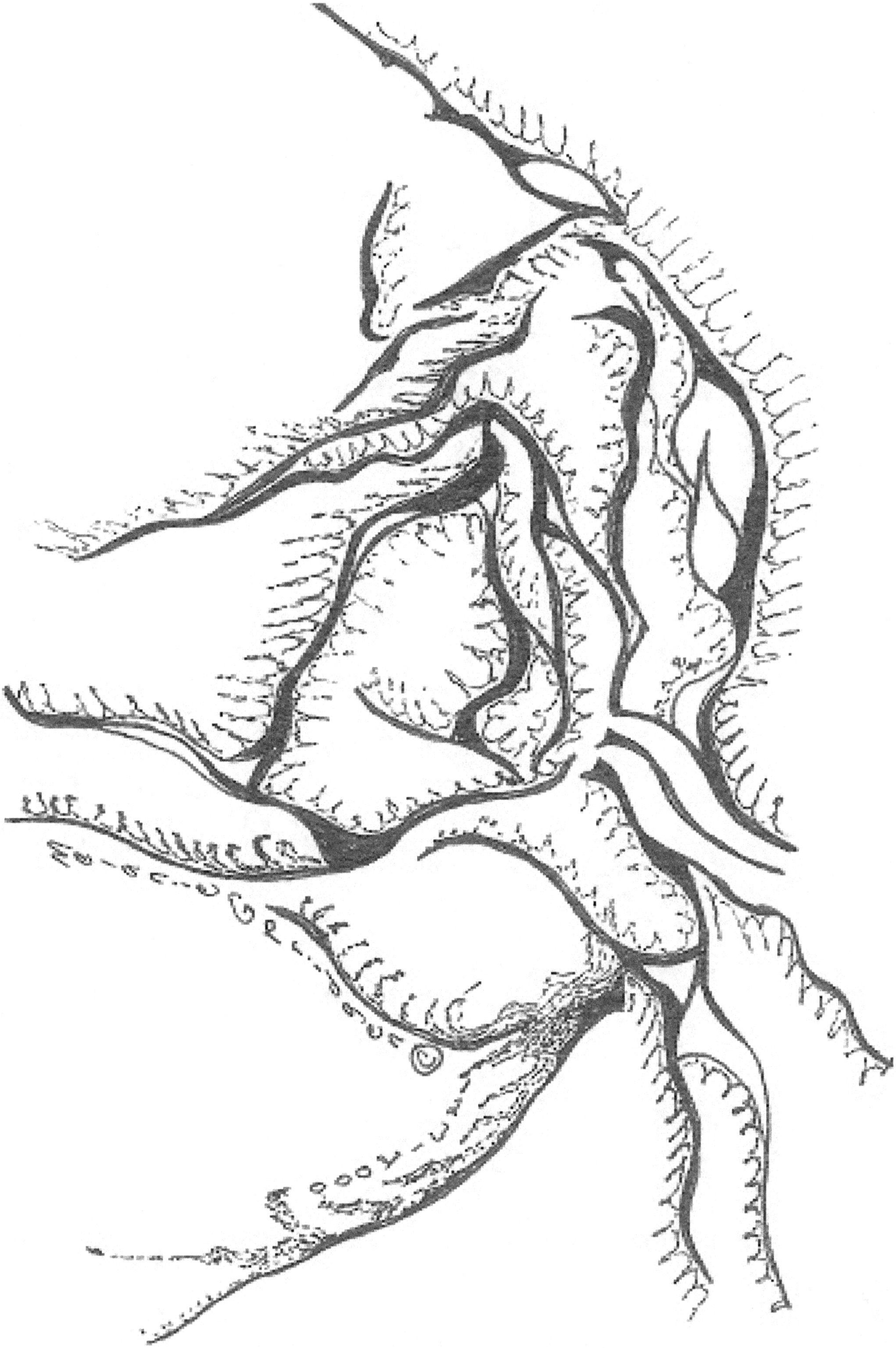

www.ingramcontent.com/pod-product-compliance
Lightning Source LLC
Chambersburg PA
CBHW080912220526
45466CB00011BA/3558
* 9 7 8 1 6 9 8 6 0 9 0 7 2 *